REIKI

MANUAL DE INIȚIERE

UN GHID COMPLET PENTRU PRACTICA REIKI

CW01622779

Editura Mix există pentru a aduce valoare în viața dumneavoastră.

REIKI

MANUAL DE INIȚIERE

UN GHID COMPLET PENTRU PRACTICA REIKI

Traducere: Cristian Hanu

EDITURA MIX

Culegere: Cristian Hanu
Tehnoredactare și copertă: Florin Druțu
Consilier editorial: Florin Zamfir

Autorul și editorul nu dau nici un fel de garanții exprese sau implicite, referitoare la conținutul acestei cărți. Prin urmare, cititorul își asumă întreaga responsabilitate pentru utilzarea informațiilor cuprinse în această carte.

Descrierea CIP a Bibliotecii Naționale a României
LÜBECK, WALTER
Reiki : manual de inițiere / Walter Lubeck. – Brașov : Mix, 2007
ISBN (13) 978-973-8471-57-3

615.84

Copyright © 1990 by Schneelöwe Verlagsberatung & Verlag
All right reserved. Published by arrangement with Schneelöwe Verlagsberatung & Verlag, D-87648 Aitrang/Germany

Copyright © 2007 Editura Mix.
Toate drepturile asupra prezentei ediții în limba română aparțin în exclusivitate Editurii Mix.

Pentru informații actuale și comenzi vizitați site-ul nostru
www.edituramix.ro
sau contactați-ne la:
tel.: 0720 499494; fax: 0720 112117
e-mail: comenzi@edituramix.ro

Tiparul executat la S. C. GRIDSOLO RO S. R. L. - Brașov
0268 - 313 355 e-mail: gridsolo@tiposerv.ro

CUPRINS

CAPITOLUL UNU
Reiki-Do: Calea Iubirii Vindecătoare 17

CAPITOLUL DOI
Posibilitățile şi limitele aplicațiilor Reiki 35

CAPITOLUL TREI
Proceduri sau ritualuri pregătitoare pentru tratamentul integral al corpului prin Reiki 41

CAPITOLUL PATRU
Avantajele tratamentului integral al corpului prin Reiki ... 53

CAPITOLUL CINCI
Pozițiile palmelor în tratamentul integral al corpului prin Reiki şi efectele lor asupra corpului organic şi asupra învelişurilor subtile 59

CAPITOLUL ŞASE
Alte aplicații Reiki specifice 85

CAPITOLUL ŞAPTE
Diferite metode de depistare a dezechilibrelor în sistemul energetic subtil 91

CAPITOLUL OPT
Lucrul cu *chakra*-ele în practica Reiki 99

CAPITOLUL NOUĂ
Reiki şi cristalele 135

CAPITOLUL ZECE
Reiki şi mirosurile parfumate 149

CAPITOLUL UNSPREZECE
Reiki şi meditaţia 157

CAPITOLUL DOISPREZECE
Reiki şi medicamentele 169

CAPITOLUL TREISPREZECE
Aplicarea tratamentului Reiki în cazul plantelor
şi animalelor 175

CAPITOLUL PAISPREZECE
Posibilităţile gradelor doi şi trei de Reiki 185

CAPITOLUL CINCISPREZECE
Răspunsuri la întrebările cele mai frecvente care
mi-au fost puse 189

CAPITOLUL ŞAISPREZECE
Contactul şi creşterea mea personală cu energia Reiki .. 201

Dedicație

Lui Manu

Reiki este o metodă eficientă de vindecare şi stimulare a creşterii naturale şi spirituale. În cazul unor boli fizice grave, se recomandă totuşi consultarea unui medic sau a unui psihoterapeut.

Informaţiile şi exerciţiile prezentate în această carte sunt rezultatul unor cercetări atente şi al practicii mele personale. Autorul şi editorul nu se consideră responsabili pentru eventualele neplăceri directe sau indirecte provocate de aplicarea metodelor sau de utilizarea informaţiilor din această carte.

Notă: desenele din această carte prezintă corpuri goale cu scopul de a demonstra cât mai clar cu putinţă care este poziţia corectă a mâinilor în Reiki, dar şi pentru a crea un sentiment de intimitate, libertate şi iubire – care reprezintă însăşi esenţa practicii Reiki. Asta nu înseamnă în niciun caz că Reiki nu poate fi practicat decât în stare de nuditate. Dimpotrivă, în mod normal el este practicat în condiţiile în care atât pacientul cât şi terapeutul sunt îmbrăcaţi; la fel, participanţii la seminarele de Reiki nu se dezbracă niciodată.

MULȚUMIRI

Aş dori să le mulţumesc numeroşilor maeştri cu care am avut privilegiul să intru în contact direct sau indirect. Doresc de asemenea să le mulţumesc în mod special părinţilor mei, fratelui meu, lui Matthias Carstens, Horst Kosche, Renate Lorke, Wolfgang Grabowski, Roland Gessler, Hans-Jürgen Regge, Vera Suchanke, Brigitte Müller, Phyllis Lei Furumoto, dr. Mikao Usui, dr. Chujiro Hayashi, Hawayo Takata, Manuelei Lübeck, Cinderelei, Bagheerei, precum şi celui mai mare dintre maeştri, Viaţa, pe care mi-a dăruit-o Dumnezeu.

De la bun început, principala mea grijă atunci când am scris această carte a fost aceea de a-i inspira pe oameni să îşi asume întreaga responsabilitate pentru viaţa lor. Cu cât vor învăţa să insufle mai multă iubire, mai mult adevăr şi o mai mare cunoaştere în viaţa lor, prin această asumare a responsabilităţii pe care o au faţă de ei înşişi, cu atât mai rapid se va produce procesul de transformare a umanităţii şi de integrare a ei în „Noua Eră", în care Dumnezeu se va simţi din nou la El acasă pe această planetă.

Prefață

Aş dori să adresez mulțumiri speciale autorului acestei cărți, care descrie într-o manieră extrem de clară şi de concisă o metodă de tratament ce oferă o serie de posibilități terapeutice şi medicinale de excepție, dincolo de obstacolele şi de restricțiile legale la care este supusă uneori, şi care promite explorarea unor noi teritorii, legate de naturism şi de medicina empirică, ce rămân încă a fi descoperite.

Tratamentul Reiki transcende criteriile măsurabile şi explicațiile ştiințifice. El are la bază energii şi forțe misterioase, care nu sunt cunoscute de oamenii moderni ei erei computerelor, cu toată omnisciența pe care şi-o arogă adeseori aceştia. Pentru a înțelege Reiki, este necesară o altă perspectivă asupra vieții, care nu exclude recunoaşterea unui mare număr de fenomene neacceptate încă de ştiința oficială, din microcosmosul uman şi din macrocosmos (unele dintre ele nefiindu-ne accesibile decât prin intermediul cunoaşterii ezoterice).

Orice om are capacitatea înnăscută de a opera cu energiile Reiki. Toți cei care au o atitudine deschisă față de viață şi față de miracolele naturii care îi înconjoară de pretutindeni ştiu foarte bine că există diferite influențe inexplicabile şi incomprehensibile care le afectează sentimentele, comportamentul, bolile şi bunăstarea fizică. Practicarea propriu-zisă a tehnicilor Reiki presupune însă deschiderea anumitor canale în diferite regiuni precise ale trupului fizic şi ale celui subtil. Acest proces de deschidere interioară nu poate fi realizat decât de un maestru Reiki, în maniera tradițională, şi poartă numele de inițiere.

La fel ca în cazul multor altor aplicații terapeutice, Reiki poate provoca şi „efecte secundare", rezultate ca urmare a proceselor de purificare pe care le declanşează. De aceea, recomandăm insistent ca practica să fie întotdeauna precedată de dobândirea unei cunoaşteri teoretice cât mai solide, aşa cum este predată ea de maeştrii Reiki la seminariile de pregătire. Cartea de față se dovedeşte extrem de utilă în această direcție, contribuind la lărgirea acestei cunoaşteri şi facilitând astfel aplicarea practică a cunoştinţelor dobândite. Dat fiind că medicina biologică este pe punctul de a-şi atinge limitele, credem că într-un viitor apropiat Reiki va căpăta o importanţă din ce în ce mai mare, cu atât mai mult cu cât nu provoacă niciodată daune permanente şi ireversibile, fiind în schimb un adjuvant nepreţuit în orice medicină alternativă.

Recomand în mod insistent cartea de faţă tocmai pentru că face o conexiune între Reiki şi medicina biologică, indicând diferite combinaţii posibile între această metodă de tratament şi terapiile cu plante medicinale, homeopatie, săruri Schüssler şi remediile spagirice[1] recent redescoperite. Acţiunea combinată a energiei Reiki şi a remediilor naturiste (unele cunoscute din timpuri imemoriale) poate accelera dramatic efectul terapeutic al celor din urmă.

Fie ca această carte să le fie utilă tuturor celor care doresc să le fie de folos semenilor lor, pe care îi ajută într-un mod responsabil, aplicându-le terapia Reiki, şi fie ca ea să-i inspire pe toţi cei care o vor citi cu respectul cuvenit faţă de unicitatea fiecărui individ în parte. Dar mai presus de orice, fie ca ea să vă ghideze pe calea pe care aţi ales să o urmaţi, indiferent care este aceasta.

Hanovra, aprilie 1990
Horst Kosche, Preşedintele Societăţii Germane
pentru Medicina Alternativă, Inc.

[1] Spagiria este acea ramură a alchimiei care se ocupă cu producerea unor preparate şi remedii terapeutice.

Introducere

Această carte oferă foarte multe informaţii şi cunoştinţe. Felul în care le veţi folosi depinde însă de situaţia concretă în care vă aflaţi la ora actuală.

Dacă nu aţi primit încă iniţierea în practica Reiki, „Manualul de iniţiere în Reiki" vă va oferi numeroase informaţii directe legate de posibilităţile şi limitele acestei practici. Am inclus de asemenea un anumit număr de aplicaţii potenţiale, majoritatea putând fi practicate fără o iniţiere specială în Reiki, cum ar fi sugestiile practice din capitolele 9, 10 şi 11. Dacă sunteţi interesat de diferitele metode de aplicare a vindecării energetice, exerciţiile şi instrucţiunile detaliate legate de lucrul cu *chakra*-ele vă vor oferi informaţii nepreţuite.

Dacă aţi fost deja iniţiat în Reiki de către un maestru şi dacă aţi primit acordajele corespondente, veţi descoperi în această carte o serie de informaţii utile legate de felul în care puteţi practica pe viitor tehnicile Reiki. Din păcate, cele două zile cât durează de regulă un seminar nu oferă o perspectivă suficient de clară asupra numeroaselor aplicaţii posibile, lucru regretabil, căci Reiki-ul reprezintă un punct de plecare absolut minunat pentru orice călătorie în lumea Sinelui lăuntric. Puteţi lucra pentru vindecarea personală sau pentru tratarea altor persoane, puteţi face meditaţii individuale sau în grup, puteţi opera cu pietre preţioase, puteţi aplica aromaterapia, sau puteţi fi interesat mai degrabă de dezvoltarea propriei fiinţe, de efectuarea unor călătorii în lumile paralele (situate pe alte nivele energetice) ori de arderea *karma*-ei individuale. Toate acestea – şi multe altele – sunt posibile mergând pe calea Reiki.

Cartea de faţă oferă numeroase sugestii practice menite să vă ajute să vă racordaţi mai bine la energia Reiki, dar şi informaţiile necesare pentru a vă crea o bază de cunoaştere care să vă ajute să exploraţi noi perspective. Speranţa mea este că ea vă va fi în permanenţă alături, ca un tovarăş credincios, în călătoria pe care o veţi întreprinde în Sinele dumneavoastră lăuntric.

De pildă, dacă veți aplica energia Reiki pentru a stabili un contact cu Sinele dumneavoastră lăuntric sau pentru a vă trezi o mai mare capacitate de a iubi, veți putea spune că vă aflați deja pe calea „Reiki-Do" – „calea iubirii vindecătoare". Mulți oameni nu au descoperit încă această cale de transformare, extrem de simplă şi de eficientă, pentru simplul motiv că nu au aflat până acum nimic despre ea. Dorința mea a fost să umplu această lacună, oferindu-vă informațiile necesare.

Manualul de inițiere în Reiki vă va fi de folos chiar dacă sunteți deja un terapeut consacrat, oferindu-vă diferite indicii suplimentare care pot completa eficient metodele de Reiki actuale cu care lucrați.

Cum trebuie utilizată această carte

Atunci când am structurat cartea de față, am avut mare grijă, astfel încât fiecare capitol în parte să poată fi utilizat individual, permițându-le cititorilor mei să dobândească informațiile elementare necesare legate de fiecare domeniu de aplicare a energiei Reiki. Celor care doresc să aplice aceste metode în munca lor terapeutică le recomand să studieze întregul text cu o atenție sporită. Capitolele nu trebuie citite neapărat în ordinea în care au fost scrise. Totuşi, nu trebuie să uitați că unele dintre ele sunt complementare şi că trebuie studiate împreună.

Capitolul 12 este cu deosebire important pentru cei care doresc să aplice în practică informațiile teoretice dobândite până acum, oferind informații de bază pentru adaptarea metodelor Reiki în funcție de medicația folosită şi de metodele terapeutice alternative utilizate.

Dacă nu doriți decât să aplicați Reiki acasă, pentru dumneavoastră şi familia dumneavoastră, capitolul referitor la tratamentul integral al corpului şi indicele terapeutic oferit în anexă se vor dovedi instrumente extrem de utile, ajutându-vă să tratați cât mai eficient afecțiunile minore de care suferiți.

Dacă doriți să mergeți mai departe, avansând pe „calea iubirii vindecătoare", vă recomand să recitiți acele pasaje care v-au incitat în mod deosebit şi să realizați mai des exercițiile pentru care simțiți o atracție aparte. Aceasta este cea mai uşoară cale de a rămâne în contact cu energia Reiki – factor absolut decisiv în practica Reiki. Cu cât veți apela mai des la această energie, cu atât mai mare va fi succesul pe care îl veți atinge. Vă recomand de asemenea să respectați principiul de a practica cu plăcere Reiki şi de a nu face din această metodă o „datorie" personală, căci Reiki este înainte de toate o forță dătătoare de viață şi un câmp de iubire vindecătoare, nu un examen la care puteți pica.

Speranța mea este că lectura cărții de față vă va face plăcere şi că veți descoperi cu bucurie universul nemărginit al energiei Reiki.

Capitolul unu

REIKI-DO: CALEA IUBIRII VINDECĂTOARE

Reiki este un cuvânt japonez şi înseamnă „Energia Universală a Vieţii", forţa divină dătătoare de viaţă. „Do" este de asemenea un cuvânt japonez, sinonim cu cuvântul chinez Tao, care înseamnă – între altele – cale. În limba japoneză, cuvântul „Do" este ataşat ca sufix de anumiţi termeni, indicând faptul că activitatea la care face referire poate fi considerată o cale de viaţă care ajută adeptul să îşi dezvolte personalitatea şi să intre în rezonanţă cu ritmurile universului. Câteva din exemplele cele mai cunoscute în Occident sunt: judo, bushido, aikido şi kendo.

Reiki privit ca un mod de viaţă a devenit calea mea personală. Am devenit treptat conştient de caracteristicile sale, care s-au integrat într-un sistem armonios, pe care l-am numit Reiki-Do. Reiki-Do include, printre altele, şi sistemul tradiţional de Reiki numit Usui.

Teologul japonez dr. Mikao Usui, cel care a dat numele sistemului, a fost cel care a redescoperit calea demult uitată a vindecării prin transferul Energiei Universale a Vieţii după mulţi ani de cercetări intensive şi de studiere a scrierilor principalilor discipoli ai lui Gautama Buddha. El a studiat într-o mănăstire budistă, la sfârşitul secolului al XIX-lea. După douăzeci şi una de zile de post şi meditaţie, el a primit din partea universului iniţierea directă în această artă vindecătoare. A căpătat astfel capacitatea de a transfera energia Reiki altor persoane şi de a-şi asista discipolii în a deveni canale receptoare pentru această energie. Mai târziu, Reiki a fost adusă în lumea occidentală prin intermediul unor mari maeştri din linia succesorală directă a lui Usui, respectiv dr. Chujiro Hayashi, Hawayo Takata şi Phyllis Lei Furumoto. Istoria completă a Reiki-ului de la origini şi până astăzi poate fi găsită în cărţile exhaustive ale lui Baginski şi Sharamon, sau în lucrarea Paulei Horan.

Sistemul tradițional Usui-Reiki reprezintă fundamentul căii mele, pe care am intitulat-o Reiki-Do. Inițierile şi simbolurile sale, inclusiv metodele asociate cu acestea, alcătuiesc temelia fără de care Reiki-Do nu ar putea exista. Am descoperit alte explicații şi aplicații practice ale unor tehnici de Reiki studiind I Ching-ul, un oracol chinezesc străvechi, învățăturile legate de *chakra*-e şi artele marțiale asiatice. Străvechile învățături „Huna" din Polinezia mi-au fost de asemenea de mare folos în structurarea sistemului Reiki-Do. Cele mai importante metode aplicate în acest sistem vor fi descrise în continuare.

Înainte de aceasta, aş dori să vă ofer însă câteva informații de bază referitoare la principiile care stau la baza sistemului Reiki-Do. Întrucât mi-ar fi imposibil să prezint într-o carte întreaga mea experiență legată de acest domeniu, țin în paralel şi o serie de seminarii practice. Cartea de față vă va permite însă să vă schimbați perspectiva asupra vieții şi vă va inspira să faceți noi descoperiri.

Personal, experimentez esența energiei Reiki ca o vibrație divină, de iubire, absolut universală, care emană bucurie şi poftă de viață. Sunt convins că se vor găsi destui oameni care vor avea dificultăți în a înțelege un concept atât de abstract, pretinzând chiar că iubirea universală nu este decât o iluzie. Nu cred că iubirea universală poate fi înțeleasă plenar cu ajutorul intelectului uman sau că ființa se poate deschide pe toate nivelele în fața ei numai folosindu-se de acest instrument. Cert este că cei care practică această inițiere se deschid din ce în ce mai mult în fața energiei iubirii, care transcende rațiunea. Experiența m-a învățat că fiecare om are propria sa chemare şi propria sa cale către descoperirea lui Dumnezeu şi a iubirii; de aceea, important este ca fiecare să aibă la dispoziție un număr cât mai mare de opțiuni practice, pentru a o descoperi pe aceea care i se potriveşte cel mai bine.

În acest scop, voi descrie pe rând fiecare din căile pe care le-am explorat personal în cadrul sistemului Reiki şi care mi-au oferit satisfacții pe diferite nivele. Această introducere îşi propune să prezinte mai degrabă potențialul inerent sistemului Reiki-Do,

„calea iubirii vindecătoare”, şi ideile mele personale legate de fundamentele teoretice care vă pot ajuta să înţelegeţi mai uşor metodele practice ale acestei căi. Aceste idei îmi aparţin în totalitate, reprezentând abordarea mea personală asupra sistemului Reiki. Este posibil ca dumneavoastră să vă formaţi o viziune diferită, care vi se potriveşte într-o mai mare măsură. Aş fi încântat să aflu acest lucru, căci viziunile diferite asupra sistemului Reiki sunt cele care îl menţin în viaţă. Înainte de a trece propriu-zis la descrierea metodelor practice, aş dori să insist puţin asupra felului în care operează energia Reiki.

Reiki nu este o energie pozitivă, aşa cum nu este nici negativă. El reprezintă pur şi simplu energia supremă a vieţii la care are acces fiinţa umană. Această vibraţie are o calitate divină, motiv pentru care nu exclude nimic şi pe nimeni. Ea ne permite să intrăm în contact cu toate impulsurile vieţii, conferindu-ne fiecăruia dintre noi „unicitate”. Problemele şi afecţiunile fizice ale oamenilor se datorează în esenţă unei singure cauze: iluzia „separării” de restul lumii.

Din cauza sentimentului de singurătate care derivă din această iluzie, oamenii caută în permanenţă parteneri şi securitate. Unii dintre ei încearcă să obţină securitatea şi iubirea la care aspiră prin intermediul puterii. Ei cred că trebuie mai întâi să transforme această lume pentru ca ea să se adapteze nevoilor lor. Din acest motiv, simt nevoia să se păzească tot timpul de cei din jur, pentru ca aceştia să nu le blocheze eforturile. Altfel spus, ei adoptă o mentalitate competitivă. Acest nivel de conştiinţă este încă foarte departe de sentimentul unităţii cu Dumnezeu. Alţii cred că trebuie mai întâi să îşi ispăşească păcatele pentru a avea parte de iubirea şi graţia divină. Adeseori, ei se luptă întreaga viaţă pentru acest ideal, dar nu reuşesc niciodată, căci această vinovăţie nu este altceva decât o iluzie. Puţini sunt cei norocoşi care trăiesc experienţe de natură să îi facă să înţeleagă că esenţa lor este eliberată de orice formă de vinovăţie. În final, aceştia ajung să îşi realizeze esenţa divină, care a existat dintotdeauna, aşteptând doar ca ei să o descopere.

Un acordaj sau o şedinţă de Reiki poate oferi uneori o astfel de experienţă, căci contactul cu Energia Universală a Vieţii permite trezirea conştiinţei şi punerea la unison cu unitatea cosmică. Există şi oameni care cred că nu pot ajunge la Dumnezeu decât dacă evită toate lucrurile plăcute ale vieţii. De aceea, ei contestă „jocurile şi distracţiile", senzualitatea şi sexul, mâncarea şi băutura, dansul şi sărbătorile de orice fel. Din păcate, majoritatea se transformă în nişte roboţi acriţi de viaţă, incapabili să se bucure de ceva. În realitate, ei se îndepărtează astfel de Dumnezeu, care reprezintă el însuşi personificarea supremă a vitalităţii, bucuriei şi iubirii.

Aceste „strategii de viaţă" nu sunt decât manifestări diferite ale aceleiaşi iluzii a separării de divinitate. Cei care cad în capcana lor ajung să creadă că nu au dreptul să integreze în actuala viaţă principiul plăcerii şi că nu au dreptul să fie fericiţi. Această iluzie a vinovăţiei personale îi face să interpreteze greşit obstacolele cu care se confruntă pe cale, devenind din ce în ce mai convinşi că trebuie să facă eforturi încă şi mai mari, să renunţe chiar la mai multe lucruri şi să îşi asume încă şi mai multe responsabilităţi şi poveri.

Ce se întâmplă cu aceste strategii atunci când omul primeşte iniţierea în Reiki, care îi permite să pătrundă apoi adânc în interiorul fiinţei sale?

Remarc adeseori la seminariile pentru obţinerea primului grad de Reiki (care prezintă elementele introductive ale sistemului Usui-Reiki) un fenomen ciudat: majoritatea participanţilor vin la aceste cursuri cu un puternic sentiment de scepticism. Nu prea vorbesc unii cu ceilalţi şi nu îşi exteriorizează emoţiile. Altfel spus, se comportă ca şi cum ar fi izolaţi de restul lumii – lucru perfect adevărat în majoritatea cazurilor. Interesant este că după primul acordaj cu energia universală Reiki, ei încep inevitabil să vorbească unii cu ceilalţi. Zâmbesc mult mai mult ca la început şi nu pot să nu remarc că devin din ce în ce mai deschişi şi mai vii după fiecare nou acordaj. La sfârşitul cursului, toţi au tendinţa să se trateze reciproc ca şi cum ar fi prieteni de o viaţă. Îşi exteriorizează cu uşurinţă sentimentele, se îmbrăţişează, îşi exprimă interesul pentru problemele celorlalţi şi devin conştienţi de propriul lor centru. Nu de puține ori am văzut lacrimi în ochii majorității atunci când unul dintre participanți renunță la izolarea sa de până acum, care face loc unui sentiment universal de iubire şi de uniune, şi implicit de fericire şi bucurie. Am observat aceeaşi experiență inclusiv în cazul clienților care au făcut un număr suficient de mare de şedințe de Reiki, deşi în cazul acestora procesul se produce ceva mai lent. Orice om care receptează energia Reiki devine mai viu şi mai deschis în fața firelor invizibile care îl unesc cu restul lumii.

Există o regulă de bază în Reiki care spune că cel care receptează această energie decide singur, la nivel subconştient, cât din această energie va absorbi şi cum o va folosi. Energia Reiki nu poate şi nu trebuie transmisă cu forța de către un emițător. Procesul este invers: cel care o absoarbe, deschizându-se în fața ei, este receptorul, în funcție de nevoile sale individuale. Energia Universală a Vieții le permite oamenilor inclusiv să se disocieze, dacă asta doresc, dar şi să se deschidă şi să crească din punct de vedere spiritual, dacă aceasta este opțiunea lor.

Toate ființele vii dispun de această energie divină care le dă viață. Privind lucrurile din această perspectivă, fiecare ființă poate fi considerată una cu Dumnezeu, căci esența sa ultimă este cu siguranță divină. Însuşi liberul arbitru cu care suntem înzestrați face parte integrantă din această divinitate a noastră. De aceea, conştientizarea acestei libertăți interioare reprezintă un pas important în procesul dezvoltării de sine. Acceptarea libertății de a ne modela singuri viața implică – între altele – şi acceptarea propriei noastre individualități. Cei care se acceptă exact aşa cum sunt devin automat mai plini de încredere în contactele lor cu ceilalți oameni, dar mai ales cu Dumnezeu. Un om liber se va prezenta în fața lui Dumnezeu fără eschivări, cu o sinceritate deplină. El nu simte o stare de vinovăție, nu se umileşte şi nu imploră iertarea divină.

Oamenii ferm ancorați în starea lor de libertate interioară se tratează reciproc cu respect şi acceptă individualitatea celor din jur. Ei nu poartă măşti inutile, pentru că nu consideră că au ceva de ascuns în fața semenilor lor.

Reiki contribuie de la bun început la instituirea acestui respect reciproc. De altfel, el nici nu permite o altă motivație personală, căci Energia Universală a Vieții nu acceptă niciun fel de abuz terapeutic. Este totuşi posibil ca în timpul tratamentului să iasă la suprafață anumite emoții reprimate, care se manifestă cu o mare forță, uneori de-a dreptul violentă. Cei care nu au experimentat niciodată până atunci acest gen de purificare se pot speria, dar este absolut cert faptul că Reiki nu le va provoca în final niciun fel de rău.

Adepții care practică suficient de frecvent Reiki îşi amplifică în permanență energia vieții. Ca prin minune, „soarta" pare să le rezerve mai puține lovituri, accidente şi boli. Reiki îi ajută să se dezvolte mai rapid, fără să suporte o presiune exterioară la fel de mare. Energia vieții poate găsi modalități uluitor de armonioase de a se exprima, căci vechile blocaje încep să se dizolve, nefiind înlocuite de altele noi. Contactul regulat cu energia Reiki sporeşte creativitatea şi exprimarea de sine activă. Omul nu se mai lasă condus de teamă, ci este motivat mai degrabă de bucurie. Principiul plăcerii devine astfel o sursă de inspirație creatoare. El renunță mult mai uşor la cătuşele impulsivității şi stabileşte mult mai firesc relații interumane sănătoase. În mod natural, această restructurare fundamentală a ființei poate provoca la început insecuritate şi anxietate, necesitând un anumit efort pentru a integra aceste noi experiențe într-o perspectivă nouă. Pe măsură ce energia Reiki pătrunde în viața sa, omul simte o vitalitate nouă, greu de imaginat de către cineva care nu practică personal această metodă. În esență, acesta este efectul energiei Reiki asupra stării noastre psihologice. Observațiile detaliate indică efecte similare inclusiv asupra organelor noastre fizice. Energia Universală a Vieții relaxează de regulă acele părți ale organismului în care i se permite să pătrundă. Orice tensiune atrage după sine anxietate şi ostilitate față de viață. În schimb, oriunde există iubire, ostilitatea şi tensiunile dispar. Aşa se explică reducerea inflamațiilor acute sub efectul practicilor Reiki, căci ele nu reprezintă altceva decât simptome ale unor conflicte pe punctul de a se declanşa datorită rezistenței opuse vieții, care dau apoi naştere la blocaje.

Reiki deschide întotdeauna noi cărări energetice, mai armonioase, antrenând inclusiv dizolvarea blocajelor existente.

Relaxarea inițială este urmată de o stimulare a metabolismului, pe măsură ce noua vitalitate începe să pătrundă în organism. Acest proces este însoțit frecvent de purificări bruște, în urma cărora vechile depozite de deșeuri sunt eliminate și care previn acumularea unor toxine noi. Tot mai multe porțiuni ale corpului fizic se deschid astfel în fața energiei vieții, și implicit a relaxării pe care aceasta o aduce cu sine.

Cu cât canalele energetice subtile și cele organice devin mai curate, cu atât mai ușor ne este să răspundem stimulilor proveniți din mediul nostru exterior. După dizolvarea unui mare număr de blocaje care ne îngustau percepția asupra realității, aceasta tinde să devină acum holistică.

Eliminarea vechilor blocaje antrenează simultan un flux energetic mai intens prin canalele purificate, și implicit o vitalitate mai mare.

În consecință, funcțiile mecanismelor de protecție fizică și psihică de genul sistemului imunitar, percepțiile instinctuale, funcțiile protectoare ale pielii și cele ale aurei energetice își îmbunătățesc activitatea. Există două premise pentru ca aceste procese să înceapă să se producă: pe de o parte, acordajul tradițional pentru punerea în rezonanță cu energia Reiki, și pe de altă parte tratamentul aplicat regulat.

Experiența m-a învățat că există oameni care ezită să se implice în seminariile Reiki deoarece nu înțeleg principiile de bază ale acestei metode. De aceea, atunci când transmiteți mai departe această învățătură, consider extrem de important să urmăriți să ajungeți la inimile ascultătorilor dumneavoastră, folosind limbajul cel mai adecvat pentru ei, astfel încât să înțeleagă ce le spuneți. Orice om caută iubirea și sentimentul de unitate care o însoțește, dar fiecare exprimă această necesitate de bază într-o manieră diferită de semenii săi. Unii nu doresc decât să se însănătoșească, alții aspiră să se apropie de un Dumnezeu personal, iar alții să experimenteze starea impersonală de *samadhi*. Nevoia este aceeași, dar ea se manifestă în forme diferite; de aceea, instructorul de Reiki trebuie să aibă capacitatea de a-şi transmite cunoaşterea astfel încât să fie înțeles de cei care păşesc pe cărări diferite ale vieții. Este important să înțelegem că, în esență, Reiki nu are nimic de-a face cu vreun sistem de dogme sau de reguli, fiind la fel de accesibil tuturor categoriilor de convingeri şi credințe.

Este greu de crezut că toți cei care participă la un curs de Reiki vor practica regulat tehnicile învățate. Pe de altă parte, perioada extrem de scurtă a unui seminar nu este suficientă pentru a-i arăta fiecărui participant în parte cât de infinite sunt posibilitățile inerente acestui sistem. Multora le lipsesc informațiile preliminare necesare pentru a explora ulterior Reiki pe cont propriu. Cum ar putea ei să se descurce? Cine s-ar putea gândi vreodată să lucreze cu *chakra*-ele dacă nici măcar nu a auzit de acestea sau nu ştie cum funcționează ele? Sau, ca să dăm un alt exemplu, cine şi-ar putea da seama în urma unui singur seminar că Reiki poate vindeca inclusiv plantele care sunt afectate de paraziți?

În cercurile ezoterice circulă adeseori ideea preconcepută potrivit căreia metodele de dilatare a conştiinței nu pot fi practicate decât de către oamenii care au un anumit nivel de maturitate spirituală, în timp ce cei care nu practică nu o fac deoarece nu sunt încă „pregătiți". Personal, nu sunt de acord cu această viziune. Experiența mea m-a învățat că ceea ce le lipseşte oamenilor este acea cheie individuală care să le stimuleze curiozitatea şi dorința de a învăța.

La ora actuală, oamenii au tendința să pună un accent prea mare pe logică şi rațiune. Tot ceea ce nu poate fi înțeles deocamdată cu ajutorul intelectului îi sperie sau îi plictiseşte, părându-li-se inaccesibil. De aceea, la început oamenii au nevoie de un ajutor din exterior, până când reuşesc să depăşească acest blocaj. Noua cunoaştere trebuie să le fie predată într-o manieră inteligibilă, atât cât să le trezească curiozitatea şi să-i determine să exploreze singuri mai departe noile teritorii pe care le-au descoperit. Pentru o mai bună înțelegere a acestui aspect, aş compara situația cu străvechea „artă marțială interioară" numită Tai Chi Chuan, în care se începe cu practicarea anumitor mişcări, care îl ajută pe adept să se familiarizeze cu principiile elementare ale acestei arte. Ulterior, aceste mişcări sunt înlocuite cu o libertate mai mare de expresie, păstrând totuşi cadrul general al legilor universale ale mişcării şi al jocului dintre principiile *yin* şi *yang*.

În mod similar, cei care au participat deja la un curs de Reiki dispun de nişte elemente de bază, pe care le pot folosi apoi într-un mod creator. Acest corp de principii elementare poartă numele de Reiki-Do.

Sistemul Reiki-Do

Pentru a ilustra mai bine efectele energiei Reiki asupra omului, am să mă folosesc de o imagine. Este vorba de simbolul *yin/yang,* care reprezintă fluxul etern al energiei vieţii. El curge constant de la un pol la celălalt, dar îşi schimbă calitatea chiar în cursul acestei curgeri, creând astfel premisele necesare pentru a inversa mai târziu mişcarea (altfel spus, acumulează potenţial cinetic). Acest ritm cosmic afectează inclusiv vieţile fiinţelor umane şi este reprezentat de raza energetică ce emană din centrul monadei. Atunci când această energie pătrunde într-o fiinţă vie (prin aşa-numitul centru alfa-omega), ea activează toate procesele de creştere. Partea stângă a simbolului reprezintă polul *yin,* sau condiţia formatoare, materială. Partea dreaptă reprezintă polul *yang,* echivalent cu starea liberă, ideală, a procesului vieţii. Atunci când este centrat în acest pol, omul devine conştient de libertatea şi de potenţialul său. Are încredere în sine şi nu ezită să pătrundă în noile situaţii de viaţă, cu scopul de a acumula experienţe şi de a-şi testa capacităţile. El are idei noi, îşi face planuri şi îşi structurează un anumit viitor posibil. În continuare, el începe să îşi implementeze planurile şi să-şi realizeze proiectele. Mai devreme sau mai târziu, el va intra inevitabil în coliziune cu alţi oameni, care doresc să îşi realizeze propriile lor planuri de viaţă, căci spaţiul şi resursele terestre sunt limitate, iar omul nu îşi dă de regulă seama la ce proporţie din acestea are dreptul. De aceea, cu cât avansează mai mult, cu atât mai mari devin obstacolele pe care le întâmpină. Frustrările din lumea exterioară (obstacolele din calea progresului său) creează în interiorul său o serie de blocaje fizice şi psihice. Treptat, el se îmbolnăveşte, se simte slăbit şi tot mai nemulţumit de viaţa sa. Când înţelege în sfârşit că eforturile sale sunt zadarnice, el începe să caute cu disperare o soluţie.

În cazul fericit, omul respectiv ajunge la concluzia că aceste „soluţii" nu pot veni din lumea exterioară. El înţelege că soluţiile care permit rezolvarea diferitelor provocări ale vieţii nu pot veni decât din interiorul fiinţei sale. Cu cât devine mai capabil să recunoască şi să înlăture cauzele interioare ale problemelor sale, cu atât mai mare devine vitalitatea sa. În mintea sa se nasc astfel idei şi facultăţi noi. După faza *yin* a respectivului plan de experienţă, el trece din nou în faza *yang,* dar pe un nivel de conştiinţă superior. A trecut deja prin numeroase experienţe şi a învăţat foarte multe lucruri. Dispune acum de noi capacităţi, astfel încât, dacă ar avea din nou de-a face cu experienţele anterioare, le-ar putea trata cu mai multă autoritate şi cu o eficienţă sporită. Acest lucru nu se întâmplă însă, căci ceasul nu mai poate fi dat înapoi. De aceea, el începe să îşi facă noi planuri şi proiecte, adâncindu-se din nou în faza *yang,* în care este confruntat cu noi probleme. Pe scurt, pătrunde din nou în lumea exterioară, cu scopul de a transpune în practică aceste idei şi proiecte. Şi astfel, începe un nou ciclu de viaţă...

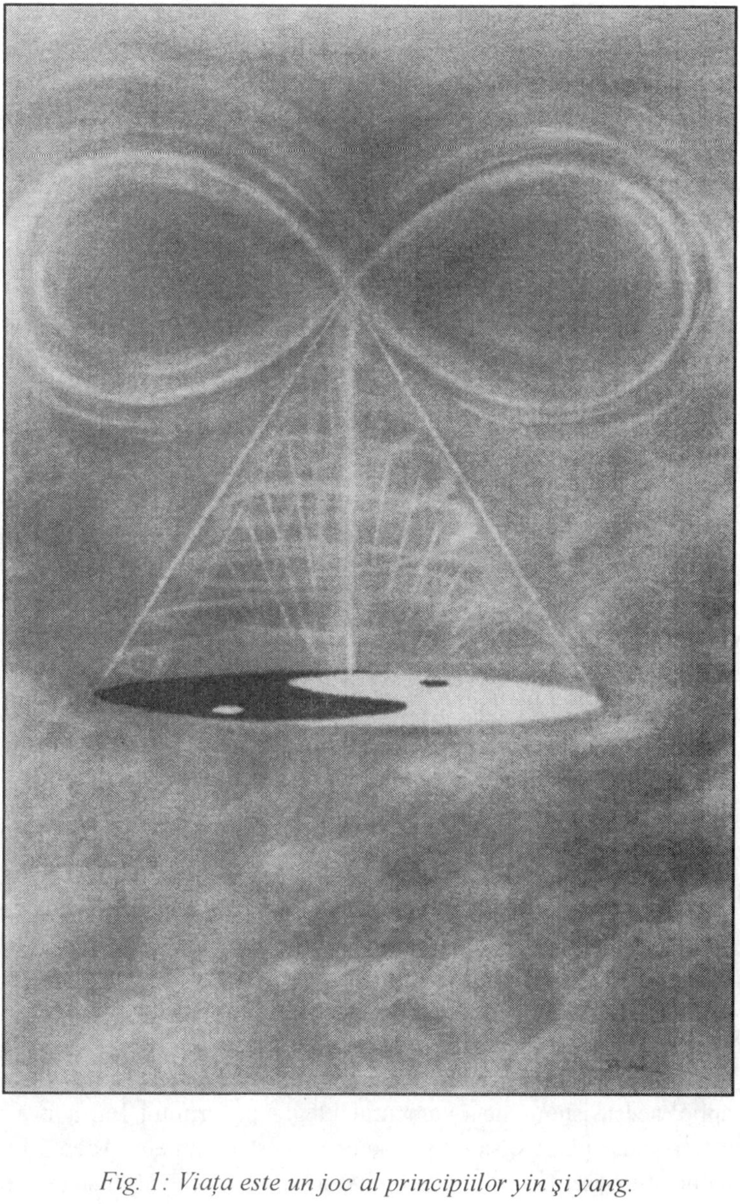

Fig. 1: Viața este un joc al principiilor yin și yang.

Această lege a evoluției care are la bază confruntarea vieții cu posibilitățile limitate ale materiei inerte nu poate fi practic modificată. Ce putem face totuşi este să influențăm dimensiunile celor două faze: *yin* şi *yang*. Cu cât vom fi mai conştienți, mai vii şi mai sensibili, cu atât mai subtilă va deveni rezistența pe care o vom opune situațiilor pe care viața ni le scoate în cale (cu scopul de a învăța o lecție), putându-le combate cu inteligență şi creativitate. La fel ca un maestru de aikido, putem anticipa impulsurile agresive ale mediului exterior, folosindu-ne de ele pentru a ne reintegra în armonia universală, fără să suferim impedimente majore. „Stimulentele" extrem de puternice în vederea dezvoltării de sine, cum sunt bolile grave, accidentele sau alte lovituri grele ale sorții nu sunt neapărat necesare pentru a iniția procesul de dezvoltare personală. Pentru a facilita procesul de învățare, omul ar trebui să fie cât mai eliberat de acele blocaje care îi reduc sensibilitatea şi viteza de reacție. Prin efectele sale de relaxare, Reiki creează condițiile optime pentru declanşarea acestui proces.

Sistemul Reiki-Do oferă trei metode principale de creştere personală, care pot fi practicate individual sau în ansamblu. Alegerea primului pas trebuie făcută prin activarea intuiției şi a facultăților noastre spirituale. Cele trei metode sunt:

Calea interioară Reiki-Do

Calea exterioară Reiki-Do

Calea sinergică Reiki-Do

Calea interioară Reiki-Do foloseşte tehnicile de meditație descrise în capitolul 11. Acestea pot fi completate prin folosirea de pietre prețioase, mirosuri parfumate şi sunete. Altfel spus, pot fi folosiți diferiți stimuli exteriori pentru activarea simțurilor. Este uşor să ne dăm seama că această cale interioară nu se focalizează în principal asupra atingerii unor obiective date, ci mai degrabă urmează principiul plăcerii. Cea mai importantă metodă pe care o aplică acest sistem este tratamentul integral al corpului. Într-adevăr, este o mare plăcere să experimentezi acest tratament. Adepții cu naturi introvertite preferă de multe ori să se scufunde în starea de conştiinţă dilatată care însoţeşte orice tratament corporal. Calea interioară Reiki-Do este o cale mistică. Cine o urmează o perioadă suficient de lungă de timp îşi poate rafina conştiinţa, simţindu-se din ce în ce mai viu. Dacă doriţi să aflaţi informaţii suplimentare referitoare la această cale, vă recomand să citiţi capitolele 4, 9, 10, 11 şi 13.

Calea exterioară Reiki-Do se referă la aplicarea specifică a energiei Reiki. Persoanele extrovertite (orientate către succes) preferă de regulă să vadă imediat rezultatele eforturilor lor. Ele urmăresc să îşi rezolve diferite probleme şi se bucură de rezultatele obţinute. Acestora li se recomandă lucrul cu *chakra*-ele, folosirea pietrelor preţioase, a sunetelor şi mirosurilor parfumate, precum şi toate celelalte metode de dizolvare a blocajelor. Contemplarea ritmurilor vieţii, a legilor eterne ale evoluţiei, prin folosirea sistemului I Ching, străvechea carte chinezească a oracolelor şi înţelepciunii, îi poate ajuta să îşi conştientizeze propriul potenţial şi să îşi definească starea actuală a afacerilor lor, astfel încât să îşi poată planifica noi etape de dezvoltare. Dacă vă simţiţi atraşi mai degrabă de calea exterioară Reiki-Do, vă recomand cu deosebire capitolele 2, 3, 5, 6, 7, 8, 9, 10, 12 şi 14.

Aşa cum îi sugerează şi numele, calea sinergică Reiki-Do foloseşte tehnicile ambelor metode descrise mai sus, pe care le integrează într-un tot armonios. Ea este potrivită îndeosebi pentru cei care au acumulat deja suficientă experienţă pentru a înţelege că principiul plăcerii şi atitudinea orientată către succes nu se exclud neapărat reciproc, ci mai degrabă se completează într-o manieră plină de semnificaţie. Dacă vă simţiţi pregătit să acceptaţi această perspectivă, vă veţi bucura cu atât mai mult de această carte şi de sugestiile cuprinse în ea.

Principiile Reiki

La ora actuală ne aflăm la limita dintre două epoci. De aceea, mulţi oameni se plâng că nu reuşesc să se adapteze ritmului uluitor de rapid al schimbărilor. Reiki este un instrument extrem de util în această direcție. Sugestiile cuprinse în această carte au scopul de a vă trezi curiozitatea şi de a vă ajuta să vă creați propriile metode de aplicare a energiei Reiki.

Am subliniat deja principalele caracteristici ale sistemului Reiki-Do, dar această prezentare nu ar fi completă dacă nu am enumera şi principiile originale ale practicii Reiki, aşa cum au fost descrise ele de dr. Usui. Am preluat aceste principii din jurnalul lui Hawayo Takata. Consider că este important să le enumăr, căci între timp s-au produs unele modificări, la ora actuală existând maeştri care aplică principii diferite. Speranța mea este că veți considera aceste principii originale la fel de utile cum le consider eu, întrucât se integrează perfect în filozofia generală a Reiki.

Aceste principii sunt:

Nu te înfuria, cel puțin astăzi.

Această regulă îi intrigă pe mulți: „De ce să nu mă înfurii? La urma urmei, am dreptul să simt orice doresc! Nu sunt de acord ca altcineva să îmi dicteze ce trebuie să simt şi ce nu!" Treptat, am ajuns să mă întreb dacă nu cumva, dorința dr. Usui a fost aceea de a ne ajuta să înțelegem cât de triviale sunt majoritatea motivelor pentru care ne înfuriem. Am ajuns la concluzia că dacă nu sunt de acord cu această regulă, am libertatea să nu o aplic! Şi uite aşa, am ajuns să îmi fac griji şi să mă enervez tocmai meditând asupra necesității de a aplica acest principiu. Mi-am dat seama că îmi pierd inutil timpul. Da, cel mai bine este să nu vă înfuriați, cel puțin astăzi...

Nu-ți face griji, cel puțin astăzi.

Există oameni care îşi fac tot timpul griji. Ei nu ştiu niciodată cu cine vor avea de-a face în ziua respectivă, şi acest lucru îi îngrijorează. Dacă printre ei se vor număra unii care îşi vor descărca povara emoțională asupra lor, lăsându-i apoi să îşi facă griji în locul lor? Există oameni cu personalități puternice, şi alții care consideră că nimeni nu-i place din cauza nenumăratelor griji pe care şi le fac şi care au ajuns să le fie întipărite în trăsăturile feţei. Ei nu îşi fac griji doar pentru ei, ci şi pentru cei din jur, uitând astfel să se bucure de viaţă. Ar fi prea uşor să renunţe la grijile lor. În acest fel, nu şi-ar mai putea face griji pentru toate problemele lumii, care s-ar prăbuşi cu siguranţă fără ei!

Cinsteşte-i pe părinţi, pe profesori şi pe oamenii în vârstă (în traducere liberă: *iubeşte-ţi aproapele).*

Mulţi oameni gândesc invers: „Bine, dar vecinii mei sunt buni cu mine? Nu sunt prea convins. Şi ce se întâmplă dacă intenţiile mele sunt bune, dar ei le interpretează greşit? Mai bine aştept până când şi ei vor fi buni cu mine. Lasă-i pe ei să facă primul pas. Le voi răspunde apoi şi eu cu aceeaşi bunătate".

Câştigă-ţi traiul în mod cinstit (în traducere liberă: *câştigă-ţi în mod cinstit pâinea cea de toate zilele).*

Iată cum gândesc majoritatea oamenilor: „Bine, dar exact asta fac! De fapt, asta facem cu toţii. Chiar şi impozitele pe care le declar sunt corecte. Hm, poate le-am ajustat niţel... Oricum, suma pe care am declarat-o este acceptabilă şi întru totul legală. La urma urmei, gândeşte-te cum se duc banii noştri pe apa sâmbetei atunci când sunt gestionaţi de stat. Ce mai contează câţiva dolari nedeclaraţi? Rareori se întâmplă să mă prefac că sunt bolnav, luându-mi liber de la locul de muncă. Dar ce contează? Şi-aşa, patronul face destui bani de pe urma mea şi a celor ca mine. El este cel care ar trebui să se întrebe dacă îşi câştigă pâinea zilnică în mod cinstit! Cei de teapa mea abia dacă reuşesc să pună ceva deoparte, în timp ce bogaţii nu mai ştiu ce să facă cu averea lor. La urma urmei, viitorul meu depinde de contul pe care îl am în bancă. Cine crezi că va avea grijă de mine când voi fi bătrân şi bolnav? Pe scurt, sunt convins că îmi câştig traiul într-o manieră absolut cinstită".

Arată-ți recunoștința față de toate ființele vii (în traducere liberă: *fii recunoscător pentru binecuvântările primite).*

Omul obișnuit gândește altfel: „La urma urmei, ce binecuvântări se revarsă asupra mea? Astăzi a fost o caniculă insuportabilă. Ieri a plouat. La televizor nu dau nimic ca lumea, așa că va trebui să mă duc și în seara asta la cinema. Hm! Binecuvântări... Nici nu-mi dau seama la ce se referă. O voi întreba mâine pe iubita mea. Poate că ea înțelege ceva din toată povestea asta. Dar mai bine o sun de la serviciu... E mai ieftin".

După cum cred că v-ați dat seama din monologurile imaginare de mai sus, principiile Reiki nu sunt deloc lipsite de rost. Chiar dacă nu sunteți întotdeauna de acord cu ele, ele vă pot ajuta să vă dați seama pe ce nivel vă aflați. Scopul lor este să vă indice atitudinea în fața vieții și tiparele de gândire de care vă cramponați în mod obișnuit. Nu reprezintă porunci în sensul biblic, ci mai degrabă un ghid către o mai bună înțelegere de sine.

Efectele practicii Reiki asupra stilului de viață

Mulți oameni trăiesc pur și simplu o viață haotică, dizarmonioasă. Stările de fericire intensă alternează cu cele de stres la fel de intens, punându-le la grea încercare sistemul nervos și organele corpului fizic. Dacă se repetă suficient de frecvent, aceste situații conduc la apatie, la o atitudine de rezistență și la cinism. Acest gen de oameni nu își mai găsesc relaxarea decât prin tot felul de experiențe superficiale, care creează la rândul lor un stres suplimentar, căci nu conduc la o mulțumire reală și la o armonie profundă. Ei își trăiesc viața fie tânjind după stimuli exteriori puternici, fie opunând rezistență atunci când au într-adevăr parte de experiențe intense de viață. Orice ar trăi, ei nu cunosc decât satisfacții temporare, pe care nu le pot integra în natura lor profundă, căci nu au nimic de-a face cu adevăratele lecții pe care trebuie să le învețe în actuala încarnare.

Dacă este aplicată regulat, practica Reiki reduce ambele extreme. Ea creează treptat un mod de viață echilibrat, deopotrivă în interior şi în exterior. Cu cât adeptul se centrează mai plenar în Sinele său lăuntric, cu atât mai redus devine stresul şi sentimentul că nu se poate integra. Calitatea vieții sale se îmbunătățeşte direct proporțional cu integrarea experiențelor prin care este nevoit să treacă. În ființa sa apare o senzație de pace, căci înțelege că lecțiile pe care le-a învățat nu au făcut altceva decât să îi îmbogățească personalitatea. Odată cu această schimbare de atitudine, bolile şi afecțiunile fizice şi psihice încep să se vindece, uneori de-a dreptul miraculos, sau cu ajutorul unor remedii care până acum nu s-au dovedit eficiente (atât timp cât nu au beneficiat de suportul energiei Reiki). Între altele, Reiki furnizează un flux constant de energie care dinamizează simultan cel de-al treilea ochi, centrul energetic *(chakra)* responsabil de recunoaşterea şi realizarea căii ideale pentru fiecare om în parte, şi *chakra* rădăcinii, care controlează vitalitatea ființei. Cele două centre ajung astfel să coopereze armonios unul cu celălalt.

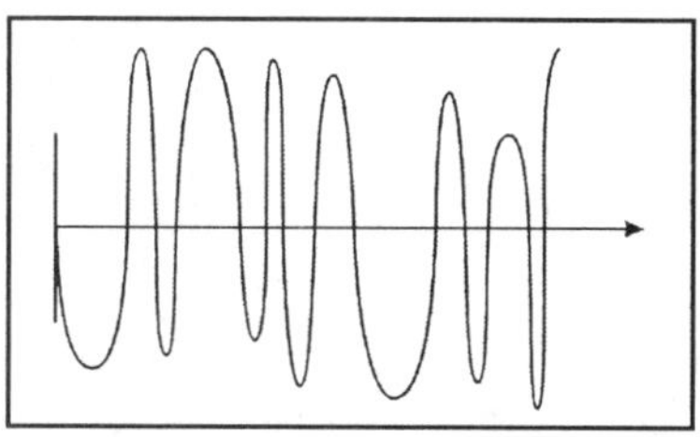

Fig. 2:
Deasupra: o viață trăită în stres
Dedesubt: eliminarea stresului prin Reiki

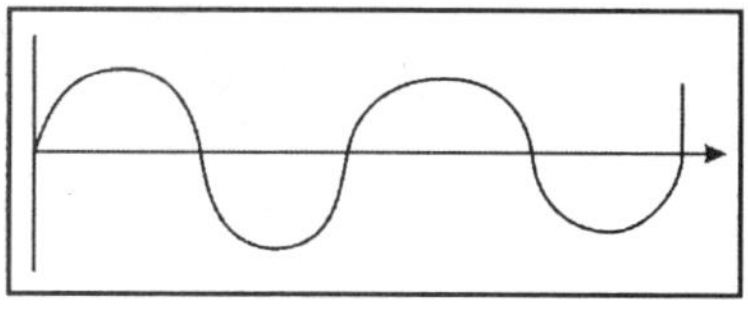

Capitolul doi

POSIBILITĂŢILE ŞI LIMITELE APLICAŢIILOR REIKI

În esenţă, energia Reiki produce cinci tipuri de efecte:

1) Relaxează profund.
2) Dizolvă blocajele energetice.
3) Purifică organismul (prin eliminarea toxinelor).
4) Furnizează Energia Universală şi Vindecătoare a Vieţii.
5) Amplifică frecvenţa de vibraţie a corpului.

Aceste cinci procese interacţionează constant. De pildă, relaxarea profundă conduce la dizolvarea tensiunilor (blocajelor) fizice, psihice şi mentale. La rândul ei, această eliminare a blocajelor permite reluarea circuitului normal al energiei prin toate zonele organismului, antrenând astfel eliminarea mai rapidă a deşeurilor şi toxinelor. Odată detoxificat, organismul dispune de mai multă energie pentru procesele sale vitale, putând recepta, stoca şi utiliza mai multă energie a vieţii. Cu cât în corp se acumulează mai multă energie a vieţii, cu atât mai înaltă devine frecvenţa sa de vibraţie, care ne permite să intrăm în contact cu Spiritul Universal (Mintea Cosmică, Marea Zeiţă sau Conştiinţa Christică – după cum este cunoscut el în diferite tradiţii). Acest contact şi senzaţia de unire (iubire) care îl însoţeşte conduce la o credinţă mai mare (la o încredere în energia universală a vieţii). Adeptul află astfel că universul îl susţine întru totul şi că îl acceptă necondiţionat. Sentimentul de securitate care rezultă din acest proces conduce la o stare de relaxare încă şi mai profundă, care permite accesul pe nivele de experienţă inaccesibile anterior. Aceste facultăţi nou descoperite sunt fascinante, dar nu trebuie cultivate într-o manieră exagerată, căci pot conduce la separarea de Iubirea divină (cea care a permis în primul rând revelarea lor). Orice exagerare conduce la reapariţia tensiunilor, şi astfel începe un nou ciclu al purificării şi creşterii.

Pe scurt, Reiki poate fi definit ca o stare de relaxare profundă, generată de contactul din ce în ce mai intens cu energia divină, care permite acumularea acesteia în cantități mult mai mari decât reușește omul obișnuit, care nu practică această metodă (sau o altă cale spirituală). Cantitatea de energie atrasă într-o ședință de Reiki depinde înainte de toate de cel care este beneficiarul tratamentului. Acesta nu poate primi mai multă energie decât este capabil să gestioneze. Este o lege simplă, care definește inclusiv limitele practicii Reiki.

Dacă o ființă vie nu dorește contactul cu Energia Universală a Vieții (în mod conștient sau, așa cum se întâmplă de cele mai multe ori), inconștient ea nu va putea recepta vibrația acesteia. Pe scurt, ea nu va simți absolut nimic în urma ședinței. Disocierea se poate produce din cauza sentimentelor de vinovăție sau a convingerii că pacientul este prea „rău" sau prea „păcătos". Acest „complex al păcatului" sau al „vinovăției" reprezintă un mare obstacol în calea vindecării. Dacă pacientul crede că își merită boala, el nu va accepta nicio terapie care l-ar putea vindeca cu adevărat.

În interiorul fiecărui om există o scânteie divină. Energia ei este plină de iubire, motiv pentru care rezonează perfect cu energia Reiki, care provine din aceeași sursă, ajutând individul să experimenteze iubirea necondiționată. Dumnezeu îi iubește pe toți în egală măsură, indiferent dacă sunt păcătoși sau sfinți.

Orice boală care pune în pericol viața este o veritabilă cursă împotriva timpului. Marea provocare constă în amânarea morții până când persoana bolnavă devine conștientă de scânteia divină din interiorul ființei sale. Medicina convențională a avansat astăzi suficient de mult pentru a îndeplini acest obiectiv important. Grație tehnologiilor uimitoare pe care le-a creat, ea îi poate oferi bolnavului răgazul necesar în caz de urgență. Poate prelungi astfel viața, dându-i șansa să renunțe la complexul său de vinovăție. În timpul acestei perioade de răgaz se recomandă insistent consilierea psihoterapeutică și aplicarea altor terapii fizice, prezența rudelor și prietenilor plini de iubire în jurul bolnavului, la care se adaugă aplicarea tehnicilor naturiste și a Reiki-ului de gradul doi (tratamentul mental), pentru a elimina astfel complexele de vinovăție care l-au împiedicat pe acesta să se vindece până acum.

Experiența m-a învățat că niciun om nu este absolut condamnat să sufere din cauza unei boli dacă nu doreşte el însuşi acest lucru. Boala nu este altceva decât o nevoie sănătoasă, dar reprimată, care ajunge să se manifeste în zona corporală cea mai accesibilă la momentul respectiv. Dacă această nevoie reprimată descoperă o altă zonă în care se poate manifesta chiar mai uşor, ea se va manifesta cu siguranță acolo. Spre exemplu, se întâmplă uneori, atunci când cineva simte nevoia să experimenteze iubirea semenilor săi, dar nu acceptă această experiență într-o manieră sănătoasă, ca el să se îmbolnăvească, pentru a-şi justifica astfel experiența de care are nevoie. Aceasta este maniera de stabilire a factorului cauzal care a stat la baza declanşării bolii. Observarea schimbărilor de comportament şi a mediului social în perioada premergătoare bolii oferă de multe ori indicii nepreţuite în această direcție.

Dacă bolnavul este pregătit, într-o măsură cât de mică, să exploreze noi sfere şi domenii de experiență, această dorință ar trebui să stea înainte de toate la baza tratamentului său, căci ea reprezintă însăşi dorința sa de a trăi, care implică în mod inevitabil şi dorința sa de a fi sănătos.

Cum rămâne însă cu dreptul omului bolnav de a-şi cultiva boala? După părerea mea, datoria noastră este să acceptăm această atitudine. De aceea, personal nu ajut pe nimeni care nu îşi doreşte cu adevărat acest ajutor (pe care îl respinge categoric). Fiecare om are dreptul să ia propriile sale decizii. Personal, accept acest refuz din respect pentru demnitatea sa de om, chiar dacă nu îi înțeleg întotdeauna motivele. Consider însă că oamenii au dreptul să îşi aleagă singuri destinul, fără să se justifice neapărat în fața celor din jur.

Pot exista cazuri în care bolnavul îmi refuză mie ajutorul oferit, dar îl acceptă cu recunoştință din partea altcuiva. În asemenea situații, sunt întotdeauna fericit să îl contactez pe celălalt vindecător, după care mă retrag discret. Am convingerea că orice vindecare cu forța reprezintă o încălcare a voinței unui seamăn de-al meu, aproape sinonimă cu abuzul.

Limitele tratamentului Reiki

Mulți oameni studiază tehnici de meditație, metode divinatorii sau Reiki pentru simplul motiv că se tem să se confrunte cu problemele lor născute din interacțiunea cu cei din jur, de pildă în timpul terapiei de grup. Ei nu caută în interiorul lor decât un „refugiu", o ieşire în afara lumii exterioare la care nu se pot adapta. Deşi tehnicile la care apelează sunt de multe ori extrem de valoroase, atitudinea cu care sunt abordate ele nu este mai puțin importantă. Metodele care te ajută să îți realizezi sinele şi să te dezvolți nu pot înlocui experiența directă de viață. Nici chiar Reiki nu poate face acest lucru. De aceea, dacă aveți probleme serioase legate de acceptarea de sine sau de acceptarea celor din jur, ori dacă problemele aparent minore cu care vă confruntați sunt de fapt grave, ar trebui să consultați un terapeut experimentat în care aveți încredere. Acesta vă poate ajuta să gestionați anxietatea, vă va sprijini în caz de eşec şi vă va indica noi căi prin care vă veți putea reveni. Tratamentul regulat cu energia Reiki ajută în acest caz, accelerând mult progresul în recâştigarea respectului de sine. Stabilirea contactului cu sinele real şi practicarea constantă a tehnicilor de Reiki vor contribui decisiv la creşterea dumneavoastră spirituală. Odată stabilizat într-o atitudine pozitivă, viața de zi cu zi vă va oferi suficiente lecții pentru a putea continua procesul de maturizare spirituală.

Acelaşi principiu funcționează şi în cazul bolilor fizice. Dacă suferiți de o boală gravă, este recomandabil să consultați mai întâi un medic de specialitate, fie el alopat, homeopat sau naturist. Dacă veți încerca să vă vindecați singur, fără un ajutor de specialitate, riscați să vă faceți mai mult rău decât bine. La urma urmei, chiar şi medicii îşi consultă colegii atunci când se îmbolnăvesc grav. Abia apoi puteți apela la Reiki, care va sprijini şi va accelera procesul de vindecare.

Recapitulare

Posibilitățile și limitele aplicațiilor Reiki

Gradul întâi

Posibilități:

- Relaxarea profundă
- Eliminarea blocajelor
- Detoxificare
- Furnizarea de Energie Universală a Vieții
- Amplificarea frecvenței vibratorii

Limite:

- Absența sau lipsa de receptivitate din partea beneficiarului tratamentului
- Canalul prin care se transmite energia poate fi limitat la început, deși se poate dezvolta cu timpul
- Sunt de preferat ședințele regulate
- Tratamentul la distanță nu este posibil
- În cazul bolilor grave, se recomandă dublarea tratamentului Reiki cu unul de specialitate

Gradul doi

Posibilități:

- Aceleași posibilități ca și la gradul întâi, dar cu o capacitate mult mai mare de transfer al energiei Reiki
- Nu este necesar contactul direct cu pacientul (este posibil tratamentul la distanță)
- Chiar dacă există blocaje subconștiente, eliminarea lor este posibilă dacă pacientul acceptă tratamentul mental

Limite:

- Refuzul deliberat al vindecării
- Canalul prin care se transmite energia poate fi limitat la început, deși se poate dezvolta cu timpul
- Dacă ședințele nu se țin regulat, este posibil ca tratamentul să nu fie suficient de eficient
- Nu se recomandă exclusiv tratamentul Reiki în cazul

afecțiunilor acute; în schimb, el poate fi un excelent sprijin în cazul intervențiilor de urgență

- În cazul bolilor grave, se recomandă dublarea tratamentului Reiki cu unul de specialitate

Capitolul trei

PROCEDURI SAU RITUALURI PREGĂTITOARE PENTRU TRATAMENTUL INTEGRAL AL CORPULUI PRIN REIKI

La seminariile introductive pentru acordarea primului grad în Reiki, unii instructori predau anumite proceduri sau „ritualuri" formale, care trebuie aplicate înainte şi după efectuarea tratamentului integral al corpului. Din păcate, puţini dintre ei au timpul necesar pentru a le explica adepţilor lor necesitatea acestor proceduri, motiv pentru care o bună parte dintre discipoli uită rapid de ele. La fel ca în cazul tuturor procedurilor de acest tip, este util ca adepţii să le înţeleagă utilitatea şi scopul. Vă voi prezenta în continuare câteva din procedurile pe care le aplic personal.

Scoaterea bijuteriilor

Aproape toţi oamenii preferă să poarte bijuterii: pietre preţioase sau semipreţioase, metale preţioase, obiecte confecţionate din lemn sau din piele. Oricât de frumoase ar fi acestea, ele pot cauza anumite probleme la nivel energetic. Metalele şi pietrele preţioase atrag inevitabil anumite energii subtile. În medicina alternativă, aceste calităţi pot fi folosite terapeutic, pentru eliminarea „energiilor negative" din corp. Capacitatea lor rămâne însă limitată.

Terapeuţii care folosesc pietre preţioase ştiu din experienţă că trebuie să purifice în mod regulat pietrele folosite pentru vindecare. În caz contrar, acestea îşi pierd calităţile vindecătoare sau chiar se pot „îmbolnăvi" ele însele. Mai mult, pietrele încărcate cu energii negative ajung să emane aceste vibraţii joase. Acelaşi lucru este valabil şi în cazul metalelor, sticlei sau plasticului. Pe de altă parte, materialele organice de tipul lemnului sau pielii nu se încarcă la fel de uşor cu energiile negative provenite din mediul exterior.

Inevitabil, bijuteriile pe care le purtăm de-a lungul zilei intră în contact cu tot felul de energii şi vibraţii. Dacă devin „saturate" cu aceste energii, ajung să acţioneze ca nişte staţii de radio-emisie miniaturale, iritând aura purtătorului lor, în funcţie de susceptibilitatea acestuia la vibraţiile subtile. De pildă, durerile de cap pot dispărea rapid dacă vă veţi spăla regulat ochelarii într-un jet de apă. Cerceii reprezintă un caz special, căci urechile au zeci de puncte de acupunctură care pot afecta întregul corp. În funcţie de punctul în care sunt fixaţi, cerceii îşi transmit vibraţia direct în canalele energetice ale corpului. De aceea, pentru evitarea acestor fenomene se recomandă scoaterea bijuteriilor înainte de şedinţa de Reiki (pentru informaţii suplimentare referitoare la purificarea bijuteriilor, vă recomand să consultaţi anexa).

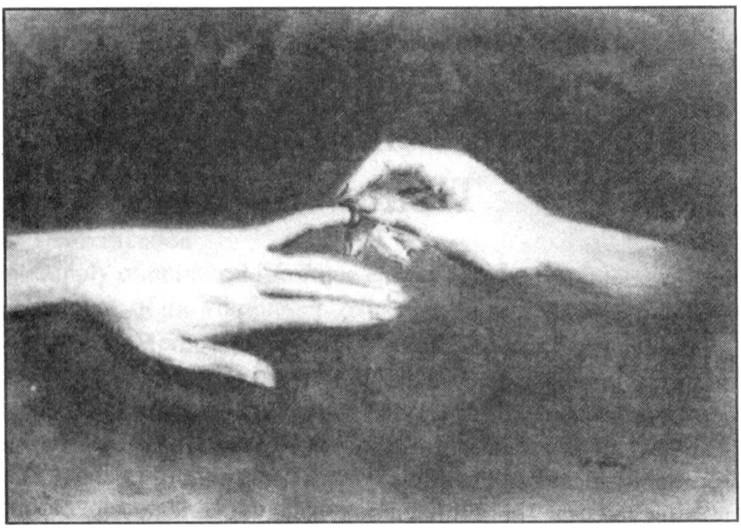

Fig. 3: Scoaterea bijuteriilor

De multe ori, inelele, lanțurile şi ceasurile de mână alcătuiesc circuite energetice închise.

Aşa cum poate demonstra cu uşurință orice test făcut cu pendulul, fluxul energetic din organism se reduce din cauza acestor circuite închise. Energia Reiki este superioară ca vibrație energiei din meridianele corpului; de aceea, fluxul ei nu poate fi împiedicat de aceste circuite. Totuşi, este posibil ca sistemul energetic subtil al organismului să nu răspundă plenar la tratamentul Reiki din cauza lor.

Ceasurile cu cuarț emit chiar un ritm subtil de vibrații electromagnetice, care poate fi măsurat deopotrivă electronic şi bioenergetic. Corpul uman are o vibrație diferită, aşa că trebuie să contracareze constant această interferență străină. De aceea, cel puțin în timpul şedințelor de Reiki se recomandă renunțarea la ceasurile de mână. De altfel, cei care doresc să beneficieze şi în afara tratamentului de absența acestor interferențe inutile îşi pot cumpăra un ceas mecanic.

Acelaşi sfat este valabil şi în cazul canalului prin care se transferă către pacient energia Reiki (al instructorului), care beneficiază la rândul lui de fluxul energetic creat. Eliminarea potențialelor surse de interferență prin renunțarea la aceste bijuterii şi obiecte amplifică fluxul energiei Reiki atât la pacient, cât şi la instructor.

Spălarea mâinilor

În Noul Testament se spune că atunci când a decis condamnarea lui Iisus Christos, Pontius Pilat a rostit următoarele cuvinte: „Mă spăl pe mâini de toată afacerea asta, eu nu am nicio vină". Deşi nu este exemplul cel mai nimerit pentru a ilustra beneficiile spălatului pe mâini, el conține totuşi o expresie cheie: „Nu am nicio vină".

Dincolo de scopurile legate de igienă, spălarea mâinilor are şi o semnificație energetică şi simbolică. Ele ating în permanență tot felul de lucruri, şi în plus, transpiră. În pozițiile inițiale ale tratamentului corporal integral mâinile sunt aşezate direct pe faţă, aşa că pacientul poate sesiza rapid mirosul şi textura lor cu ajutorul nervilor faciali ultrasensibili. Senzaţiile devin mult mai plăcute dacă mâinile nu miros şi nu sunt lipicioase.

Un alt motiv care justifică spălarea mâinilor înainte şi după tratamentul Reiki este legat de energiile subtile. Corpul uman este înconjurat de un câmp energetic subtil, numit uneori şi aură. Acesta poate fi văzut chiar cu ochii liberi dacă este fotografiat prin metoda Kirlian. Aura joacă în plan subtil un rol echivalent cu cel al pielii în planul fizic grosier. Ea protejează corpurile energetice interioare,

Fig. 4: Spălarea pe mâini

care interferează cu corpul fizic, fără să se suprapună perfect cu acesta. La fel ca şi suprafaţa pielii, aura poate absorbi amprenta energetică a obiectelor cu care intră în contact. Aceste amprente pot provoca iritări la indivizii foarte sensibili, dar pot fi eliminate cu uşurinţă prin simpla spălare sub jet de apă. Spălarea mâinilor după o şedinţă de Reiki vă ajută să scăpaţi inclusiv de energiile subtile preluate de la persoana bolnavă.

Dacă, dintr-un motiv sau altul, nu aveţi la dispoziţie apă cu care să vă spălaţi pe mâini, puteţi să treceţi palmele pe deasupra flăcării unei lumânări. Efectul purificator va fi acelaşi.

Invocaţia

Înainte de a începe tratamentul integral al corpului îmi unesc întotdeauna palmele în dreptul inimii, la fel ca în cazul rugăciunii, şi invoc mental sau cu voce tare graţia lui Dumnezeu pentru a putea acţiona ca un canal pentru energia Reiki. Invoc de asemenea vindecarea pacientului asupra căruia mă pregătesc să îmi aşez mâinile. În continuare, îmi duc palmele la frunte, îmi înclin capul şi fac o plecăciune, după care îmi cobor din nou palmele la nivelul inimii.

Acest ritual reprezintă un gest de respect faţă de persoana asupra căreia intenţionez să aplic tratamentul Reiki. Simultan, el simbolizează un gest de acceptare, atât a propriei fiinţe cât şi a fiinţei pacientului, în sufletul meu.

Unirea mâinilor reprezintă fuziunea principiilor *yin* şi *yang*, a părţii luminoase şi a celei întunecate, la nivelul inimii. Pe acest nivel se produce acceptarea plină de iubire a întregii lumi, a fiinţelor umane şi a propriului meu sine. Fără invocarea făcută pe acest nivel de conştiinţă, adevărata acceptare a realităţii nu este posibilă. Simultan, acesta este nivelul la care cererile şi potenţialul lumii materiale fuzionează cu cele ale sferelor subtile. De aceea, prin acest ritual eu declar practic, din punct de vedere simbolic, că mă accept pe mine însumi, plin de iubire. Contactul cu propriul sine îmi permite să intru mai uşor în legătură cu sinele pacientului meu, pe care îl accept la fel de senin, cu tot cu „păcatele" lui (adică inclusiv cu părțile sale întunecate). Acest proces de acceptare reprezintă o emoție pură, care nu poate fi evocată mental, ci doar cultivată prin ceea ce am putea numi respectul față de „energia christică" sau a „Sinelui superior".

După această fuziune simbolică cu iubirea universală, îmi ridic întotdeauna mâinile către frunte și îmi așez palmele pe cel de-al treilea ochi, adică pe centrul care îmi permite să îmi cunosc și să îmi accept calea personală. Acest nivel nu este accesibil decât celor care s-au acceptat plenar pe ei înșiși. Această acceptare mă ajută să înțeleg inclusiv cazurile în care m-am rătăcit de pe propria cale. Renunț atunci la atașamentul meu față de dorința de a controla situația și mă orientez către Sinele lăuntric, adevăratul ghid al ființei mele, dar și al întregii umanități.

Chiar dacă dezvoltarea mea ia o turnură neașteptată, o accept astfel cu bucurie, pornind de la premisa că aceasta este exact lecția

Fig. 5: Invocația

pe care am nevoie să o învăţ. Această atitudine deschisă reprezintă apogeul adevăratei credinţe.

Acceptându-mă plenar pe mine însumi, declar simbolic inclusiv faptul că accept persoana pacientului. Îi accept libertatea de a alege calea tratamentului Reiki, a cărui energie o va folosi aşa cum doreşte el, şi nu eu. Simultan cu acest gest al mâinilor, îmi înclin capul şi fac o plecăciune, în semn de abandon în faţa Spiritului Universal (care poate fi identificat inclusiv cu Christos, Buddha, sau orice alt model divin acceptat), cel care guvernează de fapt procesul de creştere a pacientului căruia îi transfer energia Reiki. Mă înclin astfel în faţa demnităţii umane a pacientului din faţa mea. Deşi problemele sale par uneori mai evidente decât propriile mele probleme la data respectivă, sunt conştient de faptul că persoana lui nu este cu nimic mai puţin preţioasă, înţeleaptă şi importantă pentru lume decât sunt eu însumi. Faptul că este bolnav sau are probleme nu înseamnă că este mai puţin perfect decât mine, ci doar că trebuie să înveţe o anumită lecţie.

Netezirea aurei

Înainte de aşezarea mâinilor pe corpul pacientului se recomandă netezirea aurei sale. Pentru aceasta, tot ce aveţi de făcut este să vă aşezaţi de o parte a lui, să vă plasaţi palma stângă pe punctul *hara* şi să efectuaţi mişcări de mângâiere a aurei pacientului cu palma dreaptă, orientată în jos, dinspre cap către tălpi, la o distanţă de aproximativ douăzeci de centimetri de corpul acestuia. Când palma ajunge în dreptul tălpilor pacientului, o orientaţi vertical şi o apropiaţi din nou de capul său, trecând prin apropierea corpului dumneavoastră. Repetaţi apoi procedeul de încă două ori. După încheierea şedinţei de Reiki, puteţi relua tehnica de netezire a aurei pacientului, aşezând însă palma stângă pe punctul *hara* (abdomenul) acestuia, sau în zona sacrală (partea inferioară a spatelui).

Personal, folosesc această tehnică pentru a stabili un contact mai bun cu pacienţii mei. Este ca şi cum aş bate la poarta percepţiilor

Fig. 6: Netezirea aurei

lor subtile, cerând îngăduința de a intra în centrul ființei lor. În caz contrar, ar însemna să dau buzna, ca un musafir neaşteptat şi nu întotdeauna binevenit! Plasarea mâinii stângi (receptivă) pe punctul *hara* şi stabilirea contactului cu ajutorul mâinii drepte (emisivă) permite inclusiv centrarea în sine. În cazul unui contact Reiki mai profund puteți percepe chiar fuziunea cu Sinele lăuntric, atât cel personal cât şi cel al pacientului, dincolo de măştile pe care ni le asumăm în viața de zi cu zi. Deşi acest proces se produce de regulă mai mult sau mai puțin inconştient, asta nu înseamnă că el nu este foarte important! Mişcarea palmei drepte pe deasupra aurei pacientului, în direcția naturală de curgere a energiilor (dinspre creştetul capului către tălpi) anunță prezența dumneavoastră energetică, netezeşte acumulările superficiale de energie şi stimulează o curgere mai armonioasă a acesteia prin aura pacientului.

După şedința de Reiki se recomandă repetarea procedeului. De data aceasta, palma stângă este plasată deasupra punctului *hara* al pacientului sau deasupra zonei sale sacrale, pentru ca acesta să intre în contact cu propria sa sursă de energie, ca o confirmare a faptului că nu depinde de energia dumneavoastră.

Masajul energetic

La sfârşitul şedinței de Reiki puteți efectua un masaj energetic rapid dinspre zona pelvisului către creştetul capului, trecând pe deasupra liniei mediane a corpului, cu palma orientată vertical.

Această tehnică furnizează corpului energie provenind din *chakra* rădăcinii. A fost folosită de faimosul vindecător Franz Anton Mesmer la începutul secolului al XIX-lea pentru a-i ajuta pe cei deocheați sau pur şi simplu pentru a le furniza pacienților energie vitală. Puteți experimenta efectele uimitoare ale acestui procedeu simplu făcând testul brațului, folosit frecvent în kineziologie.

Pentru acest test, rugați un partener să îşi întindă brațul într-o poziție orizontală. Apăsați apoi în jos brațul, cu o mişcare rapidă. Sesizați rezistența pe care o opune. Efectuați apoi un masaj energetic negativ, trecând palma mâinii dumneavoastră pe

Fig. 7: Masajul energetic pozitiv

deasupra liniei mediane a corpului său, dinspre creştetul capului către zona pelvisului. Verificaţi apoi din nou puterea braţului său. Veţi constata aproape inevitabil o reducere semnificativă a acesteia. Efectuaţi în continuare un masaj pozitiv (dinspre pelvis către creştetul capului). Veţi constata o amplificare a puterii braţului său. Dacă doriţi să aflaţi informaţii suplimentare referitoare la acest test, consultaţi cartea lui John Diamond: *Corpul nu minte.* Vă întrebaţi poate cât de importante sunt aceste proceduri pentru tratamentul Reiki.

Totul depinde de abordarea dumneavoastră şi de cea a pacientului dumneavoastră. Poate aţi auzit de efectele rugăciunii asupra oricărui proces de vindecare. La fel ca în acest caz, participarea conştientă influenţează rezultatul final al efortului depus. De aceea, dacă există vreun procedeu sau ritual care vă atrage, el trebuie realizat cu cel mai mare respect posibil. Pe de altă parte, dacă nu sunteţi atras în mod deosebit de un procedeu, nu trebuie să vă forțați să-l aplicați, căci nu veți face decât să obțineți rezultate finale mai slabe.

Dacă nu vă simțiți ataşat de un ritual sau altul (lucru preferabil), vă puteți folosi intuiția pentru a vă pune la unison cu nevoile pacientului dumneavoastră, constatând dacă un „ritual" sau altul este potrivit cu sistemul de convingeri al acestuia (dacă el va fi acceptat sau nu de pacient). În cazul în care pacientul cunoaşte deja procedurile pe care obişnuiți să le aplicați şi semnificația lor, îi puteți lăsa decizia de a-l alege pe cel preferat. Din fericire, tehnicile introductive aplicate în Reiki sunt uşor de înțeles. Spre exemplu, toată lumea va înțelege imediat semnificația spălatului pe mâini.

Se recomandă să nu aplicați proceduri sau „ritualuri" care nu au nicio semnificație pentru dumneavoastră. Dacă vi se par lipsite de sens, nu le aplicați! Poate că în viitor veți descoperi altele, care vi se vor părea mai potrivite. Aplicate conştient, aceleaşi tehnici pot fi folosite şi pentru creşterea dumneavoastră personală. Chiar şi simpla spălare pe mâini poate căpăta o semnificație nouă din această perspectivă. La urma urmei, ce altceva înseamnă curățenia, dacă nu un procedeu de purificare? În acest context, spălatul pe mâini poate fi privit ca un simplu act de igienă, sau ca un act de creare a unei atmosfere de puritate şi calm în jurul dumneavoastră, pentru a putea experimenta mai uşor centrul ființei.

În esență, rolul ritualurilor este comparabil cu acela al unei drojdii. Este suficientă puțină energie personală investită în ele pentru ca legile cosmice să intre în acțiune şi să pună în mişcare energii mult mai mari. În sine, Reiki nu are nevoie de ritualuri. Această energie curge în permanență! Scopul acestor ritualuri este de a vă ajuta să deveniți din ce în ce mai conştienți, deschizându-vă astfel către procesele pe care le declanşează Reiki. În anumite cazuri, ele pot chiar accelera efectul Reiki, prin amplificarea receptivității personale sau a pacientului. De aceea, consider că ritualurile Reiki reprezintă un element important în sistemul Reiki-Do.

Procedurile care trebuie aplicate după şedinţa de Reiki

După încheierea tratamentului corporal integral, puteţi netezi din nou aura pacientului şi puteţi repeta masajul energetic. De regulă, eu mulţumesc universului pentru capacitatea de a putea transfera energia Reiki, după care îmi spăl mâinile şi îi recomand pacientului să bea multă apă, să facă un duş, să evite alcoolul, să se odihnească mai mult, sau îi ofer alte sfaturi pe care le consider potrivite la momentul respectiv.

Recapitulare

Sugestii pentru ritualurile Reiki care pot fi aplicate în tratamentul integral al corpului

Scoateţi ***bijuteriile şi ceasurile cu cuarţ*** pentru a elimina astfel potenţialele interferenţe cu fluxul energiei Reiki sau cu efectele de armonizare ale acesteia.

Spălaţi-vă pe mâini pentru a vă purifica la nivel fizic şi subtil, astfel încât pacientul dumneavoastră să se simtă cât mai bine în timpul şedinţei.

Efectuaţi ***invocaţia.*** Potrivit legii hermeneutice, principala invocaţie este următoarea: „Ceea ce este sus este şi jos". Prin renunţarea la ego şi stabilirea contactului cu Sinele superior vă veţi deschide către o mai mare receptivitate faţă de energia Reiki.

Netezirea aurei se recomandă pentru stabilirea unui contact intim cu energia pacientului dumneavoastră, pentru stimularea anumitor funcţii, dar şi pentru încheierea contactului energetic la sfârşitul şedinţei.

Masajul energetic are un efect de întărire şi stimulare.

Capitolul patru

AVANTAJELE TRATAMENTULUI INTEGRAL AL CORPULUI PRIN REIKI

Corpul fizic al omului şi fiinţa sa interioară nu pot fi disecate în părţi componente, care funcţionează independent unele de altele. Fiecare organ, fiecare celulă, fiecare manifestare a vieţii sunt interconectate între ele, direct sau indirect. Fiecare parte componentă este susţinută de celelalte, pe care le susţine şi ea, la rândul ei. Dacă într-o anumită parte a corpului apare o tulburare, cauzele ei, dar şi efectele pe care le produce, afectează întregul corp. Spre exemplu, dacă cineva suferă de indigestie, întregul organism va fi afectat în timp, din cauza asimilării incomplete a hranei. Gradat, deşeurile se vor acumula în ţesuturile grase ale corpului, în muşchi, în vasele de sânge şi în încheieturi. Organele de eliminare vor fi nevoite să lucreze astfel peste capacitatea normală, încercând să elimine acest exces de toxine. Când nu mai reuşesc să gestioneze acest proces, apar inflamaţiile (într-o zonă sau alta). Sistemul limfatic (responsabil cu eliminarea toxinelor atunci când apar inflamaţii) este astfel suprasolicitat. Din cauza acestei evoluţii patologice, omul începe să se simtă slăbit şi preferă să stea acasă în loc să facă activităţile sportive cu care era obişnuit. Pe de altă parte, sistemul limfatic are nevoie de mişcare (de exerciţii fizice) pentru a funcţiona corect; de aceea, inactivitatea nu va face decât să-l afecteze şi mai tare. În curând, omul se trezeşte că are probleme cu amigdalele sau simte o iritare a apendicelui (ambele fac parte integrantă din sistemul limfatic). Sistemul imunitar este la rândul lui afectat, nemaiputând face faţă situaţiei şi cedând cu uşurinţă la cel mai mic atac viral. „Contraatacul chimic” la care recurg de obicei oamenii care apelează la antibiotice, medicamente şi cortizon nu face decât să amplifice problemele de sănătate.

Nici chiar tratamentul Reiki al nodulilor limfatici inflamaţi (de pildă, al amigdalelor) nu va mai fi de folos în această situaţie, neputând conduce decât la o revenire superficială (în cel mai bun caz). Motivul este cât se poate de simplu: cauza inițială nu a fost eliminată.

Chiar dacă această cauză este stabilită, lucru extrem de dificil în cazul bolilor cronice, pot exista şi alte cauze secundare, datorate legăturilor dintre funcțiile corporale. În majoritatea cazurilor, alte inflamații reprimate aşteaptă să iasă la suprafață în diferite zone ale corpului.

În astfel de situații, nu trebuie să vă preocupe diferitele cauze ale bolii, ci doar să aplicați tratamentul integral al corpului pe o perioadă suficient de lungă de timp. În timpul tratamentului Reiki de nouăzeci de minute, palmele sunt aşezate pe toate organele principale, furnizându-le energia revitalizantă a vieții într-o suită de mişcări coordonate. În acest fel, capacitatea de auto-vindecare a corpului este restabilită lent, iar canalele energetice şi sistemele metabolice îşi redobândesc treptat capacitatea de a elimina toxinele şi stresul.

Acest proces este extrem de important. Aproape toate tratamentele naturiste încearcă să stimuleze capacitatea de auto-vindecare a corpului. De cele mai multe ori, organismul este depăşit de cantitatea de toxine pe care a fost nevoit să o acumuleze şi nu mai poate răspunde corect la stimulii auto-vindecării. De pildă, medicina homeopatică foloseşte anumite remedii care îi permit organismului să răspundă la aceşti stimuli. Tratamentul integral al corpului prin Reiki rezolvă această problemă mult mai simplu. El nu face niciun fel de experimente, ci stimulează direct metabolismul corpului, care activează la rândul lui procesul de purificare. În timp, organismul îşi recapătă puterea de a se auto-vindeca.

Tratamentul integral al corpului mai are şi un alt avantaj, regenerând direct şi extensiv canalele energetice subtile şi sistemele metabolice. Multe tratamente naturiste eşuează pentru simplul motiv că organismul nu mai are capacitatea de a canaliza energiile activate. În loc să rezolve situația, acestea se acumulează într-o singură zonă, generând uneori o presiune atât de mare încât organismul poate intra chiar în colaps.

Ficatul, rinichii sau inima nu reuşesc întotdeauna să deblocheze presiunea exercitată de energia acumulată prin tratament, funcționând din ce în ce mai greu. Reiki rezolvă această problemă, asistând trupul să își elimine singur blocajele energetice, de multe ori extrem de rapid. În acest fel, el permite organismului să utilizeze cât mai armonios energia vindecătoare primită.

Dacă trupul este slăbit din cauza procesului de vindecare, tratamentul integral Reiki ajută la furnizarea energiei necesare pentru a face față bolii. De aceea, el reprezintă un suport benefic pentru orice altă formă de tratament natural. În consecință, orice terapie holistică ar trebui să includă în paralel cu alte metode vindecătoare şi şedinţele de Reiki, care contribuie decisiv la recuperarea şi întărirea organismului.

În cazul tratamentelor care presupun ingerarea de medicamente alopate, Reiki poate reduce efectele secundare negative ale acestora, ajutând corpul să se recupereze după „atacul chimic" la care este supus (îndeosebi la sfârşit, după încetarea medicaţiei). Tratamentul integral al corpului prin Reiki este cu deosebire util în cazurile de cancer, după şedinţele de chimioterapie; de asemenea, după orice operaţie, în timpul perioadelor de recuperare în care se fac tratamente post-operatorii. După orice operaţie, organismul se simte foarte slăbit. El este nevoit să îşi creeze ţesuturi noi, să îşi revină din şocul operaţiei, şi uneori să lupte împotriva agenţilor patogeni. Toate aceste procese sunt dublate adeseori de dureri insuportabile. Cicatricele formate pot genera complicaţii suplimentare. Tratamentul integral al corpului prin Reiki în timpul acestei perioade furnizează corpului energia suplimentară de care are nevoie, ajutându-l să facă faţă acestor presiuni. Dacă este aplicat regulat, imediat după o operaţie, Reiki contribuie la reducerea durerilor (care dispar uneori complet). Procesul de vindecare a ţesuturilor este mult accelerat, iar cicatricele tratate prin Reiki nu mai generează probleme ulterioare, iar uneori nici nu mai sunt vizibile cu ochiul liber. Fundamentală în acest caz este însă regularitatea şedinţelor de Reiki. Numai aşa poate fi obţinut un succes de durată.

Folosirea tratamentului integral al corpului pentru creşterea personală

Ce se întâmplă însă dacă nu sunteţi interesat de rezolvarea unor probleme de sănătate cronice, pentru simplul motiv că nu suferiţi de aşa ceva? Cu atât mai bine! Cei care au cel mai mult de câştigat de pe urma tratamentului integral al corpului prin Reiki sunt oamenii sănătoşi.

Dacă este aplicat cu regularitate, acesta măreşte capacitatea naturală a corpului de a răspunde pe toate nivelele la stimulii proveniţi din mediul exterior. Altfel spus, vă veţi deschide din ce în ce mai mult în faţa lucrurilor şi oamenilor din jur, veţi face faţă presiunilor mediului înconjurător fără să fiţi stresat şi veţi căpăta astfel o încredere din ce în ce mai mare în sine. Cu timpul, veţi începe să vă trăiţi din ce în ce mai intens viaţa şi să câştigaţi mult mai mult de pe urma experienţelor personale. Aplicat cu regularitate, tratamentul integral al corpului prin Reiki are inclusiv efecte profilactice, permiţând corpului să elimine microorganismele înainte ca acestea să îi afecteze starea de sănătate. Tratamentul activează capacităţile latente ale organismului, care poate învăţa mai uşor, aplicând apoi mai eficient ceea ce a învăţat.

Vi se pare greu de crezut? Încercaţi! Aceste schimbări pozitive care apar frecvent ca urmare a purificării şi stimulării corpului fizic pot fi observate nu doar în urma tratamentului prin Reiki, ci şi a altor forme de tratament naturiste. Când individul nu mai este silit să îşi cheltuiască o cantitate uriaşă de energie pentru gestionarea blocajelor şi a bolilor cronice, în interiorul lui se trezeşte un potenţial incredibil care poate fi folosit pentru creşterea sa personală.

Tratamentul integral al corpului şi reîntinerirea

O altă aplicaţie naturală a tratamentului prin Reiki este regenerarea pe toate nivelele corpului. Deşi niciun instructor de Reiki nu va pretinde că această energie este un „izvor al tinereţii", este cert că ea este mult mai eficientă şi mai puţin scumpă decât majoritatea remediilor aşa-zis miraculoase, a panaceelor şi poţiunilor de toate felurile disponibile pe piaţă. În plus, tratamentul integral al corpului nu provoacă niciodată efecte secundare negative, pericol care se manifestă întotdeauna în cazul altor remedii, dacă acestea sunt luate fără măsură sau dacă nu corespund unor nevoi precise ale organismului.

Energia Reiki îmbunătăţeşte treptat circulaţia sângelui, cu efecte asupra funcţionării mai echilibrate a pielii, şi implicit asupra dispariţiei ridurilor mici. Activarea metabolismului şi a funcţiilor de detoxificare tonifică ţesuturile conective şi musculatura. Evident, aceste procese nu se produc peste noapte, ci necesită o anumită perioadă de timp. Pe scurt, beneficiile tratamentului integral al corpului prin Reiki sunt multiple şi nu cred să existe persoană care să nu fie mulţumită de rezultatele obţinute în urma lui.

În marea majoritate a cazurilor, tratamentul integral al corpului nu poate provoca reacţii de vindecare severe. Odată eliminate blocajele din anumite zone ale corpului, următoarele şedinţe de Reiki vor asigura distribuirea echilibrată a energiei eliberate, astfel încât să nu provoace reacţii exagerat de intense. Există totuşi şi cazuri în care în cursul tratamentului Reiki pot apărea reacţii dramatice legate de vindecarea corpului. De aceea, se recomandă ca el să fie făcut exclusiv de specialişti calificaţi şi cu experienţă.

Rezumat

Avantajele tratamentului integral al corpului prin Reiki

- Recuperarea capacităţii corpului de a răspunde la stimulii proveniţi din mediul exterior şi de a se vindeca singur
- O purificare profundă
- Furnizarea unei cantităţi suplimentare de energie a vieţii
- Reprezintă o metodă de tratament holistic, absolut sigură
- Energia deblocată nu este eliberată unilateral, ci redistribuită armonios prin şedinţele ulterioare

Capitolul cinci

POZIȚIILE PALMELOR ÎN TRATAMENTUL INTEGRAL AL CORPULUI PRIN REIKI ŞI EFECTELE LOR ASUPRA CORPULUI ORGANIC ŞI ASUPRA ÎNVELIŞURILOR SUBTILE

În acest capitol voi prezenta suita practică a pozițiilor palmelor în tratamentul integral al corpului prin Reiki. Am învățat această suită de mişcări specifice de la instructoarea mea de Reiki, Brigitte Müller, dar am adăugat câteva poziții suplimentare pe care le-am învățat de la alți maeştri, precum şi unele pe care le-am descoperit prin practica mea personală. Succesul pe care l-am obținut cu această suită de poziții a fost foarte mare, ceea ce nu înseamnă că nu există şi alte posibilități. Cunosc instructori care au adoptat alte suite care s-au dovedit la fel de eficiente, sau chiar mai potrivite în anumite cazuri particulare. De aceea, nu doresc să vă prezint această formă de tratament corporal ca fiind unica metodă corectă (nici nu cred în aşa ceva, de vreme ce toți oamenii sunt diferiți între ei), ci doar să vă ofer o suită coerentă şi bine coordonată de poziții ale palmelor, alături de câteva indicații care să vă ajute eventual să vă creați propriul repertoar de poziții.

Experiența m-a învățat că este foarte important ca adeptul să înțeleagă de la început de ce este benefică o anumită suită de poziții. Pe măsură ce veți câştiga experiență şi vă veți dezvolta propria cunoaştere interioară, detaliile vi se vor părea mai puțin importante. După trezirea intuiției nu veți mai avea nevoie să vă bazați atât de mult pe conceptele raționale, dar pentru început acestea se dovedesc cât se poate de utile pentru înțelegerea fenomenului. Cu cât veți lucra mai mult cu energia Reiki, cu atât mai profundă va deveni această înțelegere. Până atunci va trece însă o anumită perioadă, în care aceste informații preliminare sunt absolut necesare pentru a înțelege care este logica acestor poziții fixe ale palmelor pe trupul pacientului. Rezultatele pozitive pe care le veți obține vă vor confirma ulterior utilitatea acestor poziții, după care vă veți putea folosi de propria intuiție pentru a stabili la care dintre ele puteți renunța sau pe care doriți să le folosiți în mod particular. Din acest punct de vedere, sistemul meu va deveni superfluu odată cu trecerea timpului, și așa și trebuie să fie.

Să începem însă cu începutul. Voi oferi în continuare o descriere a suitei complete de poziții ale palmelor pe care le folosesc personal în majoritatea ședințelor de Reiki. În funcție de nevoile dumneavoastră, le puteți folosi integral sau parțial.

Înainte de tratamentul integral al corpului prin Reiki

Întrebări pe care merită să vi le puneți

Mai întâi de toate, trebuie să cereți permisiunea interioară de a lucra cu pacientul respectiv (cu persoana care vă solicită ajutorul). Conștientizați responsabilitatea pe care o presupune acest act și stabiliți dacă sunteți într-adevăr calificat pentru a v-o asuma. Dacă aveți un motiv cât de mic să bănuiți că pacientul suferă de o boală fizică sau mentală gravă și nu sunteți medic sau terapeut, cel mai bine ar fi să îi recomandați să apeleze la o persoană mai calificată decât dumneavoastră. Dacă pacientul se află sub medicație sau urmează simultan și alte forme de tratament medical ori psihoterapeutic, se recomandă să îl întrebați în ce constă acesta și să îl rugați să își întrebe medicul dacă este de acord cu tratamentul energetic prin Reiki. Dacă acest lucru nu este posibil, puteți începe cu câteva ședințe, pentru a vedea cum reacționează pacientul. Veți găsi mai multe sugestii legate de această situație în capitolele 2 și 6.

Dacă situația medicală a pacientului a fost clarificată, puteți începe ședința. Este important mai întâi să obțineți din partea pacientului angajamentul că va urma tratamentul dumneavoastră pe o perioadă mai lungă de timp. Dar dumneavoastră, sunteți dispus să vă angajați pe o perioadă mai lungă de timp? Sunteți conştient de faptul că de-a lungul acestui proces propriile dumneavoastră probleme pot ieşi la suprafață, generând diferite reacții? Sunteți dispus să acceptați o accelerare a evoluției dumneavoastră spirituale, cu tot ce presupune aceasta? Vă simțiți pregătit să faceți marele pas în propria dumneavoastră dezvoltare de sine? Dacă practicați frecvent Reiki, inclusiv pentru transferul energiei către alte persoane, trebuie să vă aşteptați la o accelerare a evoluției dumneavoastră. Sunteți dispus să faceți acest pas?

Dacă v-ați lămurit toate aceste aspecte de conştiință, vă puteți focaliza asupra tratamentului propriu-zis. Suita corectă a pozițiilor palmelor (în funcție şi de nevoile pacientului) este prezentată în acest capitol şi în capitolul 7, putând fi stabilită inclusiv prin consultarea cu un medic sau cu un terapeut. În funcție de calificarea pe care o aveți, puteți pune propriul dumneavoastră diagnostic, realizând apoi tratamentul Reiki pe baza lui.

Întrebări legate de tratamentul integral al corpului

După ce v-ați lămurit care este poziția dumneavoastră personală în raport cu ceea ce doriți să faceți, şedințele care vor urma ridică alte întrebări, ce trebuie clarificate la rândul lor. Mai întâi de toate, trebuie să stabiliți dacă veți aplica tratamentul integral al corpului sau doar un tratament parțial. Spre exemplu, în cazul persoanelor foarte slăbite sau al copiilor mici tratamentul poate fi scurtat la numai douăzeci de minute. La fel, puteți reduce tratamentul în cazul persoanelor care consumă medicamente alopate (vezi şi capitolul 12). În cazul în care constatați o predispoziție a pacientului către acumulările energetice transformate apoi în blocaje (altfel spus, o lipsă a fluidității energiilor), manifestate de pildă prin dureri de cap sau dureri menstruale ieşite din comun, puteți renunța la anumite poziții, evitând astfel zonele afectate de aceste acumulări şi oferind doar un tratament indirect. În alte cazuri, vă puteți focaliza, dimpotrivă, către anumite zone corporale, insistând mai mult decât în altele şi canalizând energia Reiki cu deosebire asupra lor, în funcţie de nevoile pacientului. În anumite cazuri puteţi efectua un tratament prealabil parţial (de pildă, o echilibrare a *chakra*-elor sau un tratament Reiki scurt), care poate avea efecte comparabile cu tratamentul integral. Sunt şi situaţii în care sunt necesare măsuri de urgenţă sau prim ajutor, eliminarea unor blocaje bine definite (de tipul cicatricelor), a unor inflamări locale sau a unor tensiuni cronice în anumite zone ale corpului. În numeroase situaţii este necesar ca tratamentul Reiki să fie completat prin lucrul cu pietre preţioase, mirosuri parfumate, sunete, consiliere psihologică, exerciţii fizice, dietă sau alte măsuri terapeutice. La fel ca în cazul întrebărilor pe care vi le-aţi pus în secţiunea anterioară, şi de data aceasta va trebui să vă întrebaţi dacă sunteţi calificat pentru aceste măsuri şi dacă sunteţi dispus să vă asumaţi responsabilitatea de a lua asemenea decizii.

Un aspect important

De multe ori, puteţi avea o conversaţie amicală cu pacientul, înainte sau după şedinţa de Reiki. Unii preferă chiar să vorbească în timpul şedinţei. Nu există reguli prestabilite în acest caz. Totul depinde de fiecare situaţie individuală în parte. În anumite zile, tăcerea pare să se impună de la sine. În altele puteţi simţi că este preferabil să conversaţi cu pacientul. Singurul criteriu pe care trebuie să-l aveţi în vedere este crearea unei atmosfere cât mai senine, bazată pe încredere reciprocă.

„Ritualurile" de după şedinţa de Reiki

După ce aţi terminat tratamentul corporal, puteţi netezi din nou aura pacientului şi îi puteţi aplica masajul energetic. Personal, mulţumesc întotdeauna divinităţii pentru că mi-a permis să transfer energia Reiki, după care îmi spăl mâinile şi eventual îmi sfătuiesc pacientul să bea cât mai multă apă, să facă un duş, să evite alcoolul, să se odihnească mai mult şi să ia alte măsuri pe care le consider necesare.

Pozițiile în tratamentul Reiki

Fiecare poziție a palmei în tratamentul Reiki are o semnificație specifică. Pozițiile nu trebuie imitate cu precizie. Este suficient să vă așezați palmele pe zona corporală indicată. Mai mult, nu contează dacă așezați palma dreaptă sau cea stângă pe zona respectivă, căci Reiki nu este o energie polarizată. Hainele, bandajele sau păturile nu împiedică transferul energiei Reiki. Totuși, există pacienți care preferă contactul corporal direct, scop în care vor trebui să elimine „obstacolele" care stau în calea acestuia. În cazul unor răni deschise, al arsurilor, bășicilor sau al altor simptome similare, palmele nu trebuie așezate direct pe corp, ci plasate la circa 10 centimetri deasupra zonelor reflexe corespondente sau deasupra punctelor de acupunctură. Ca regulă generală: cu cât zonele reflexe tratate sunt mai îndepărtate de zona-țintă, cu atât mai mari și mai profunde vor fi efectele energiei Reiki.

Secțiunea care urmează prezintă diferitele poziții de Reiki și indică organele asupra cărora acționează energia în fiecare dintre ele. Sunt prezentate numai indicațiile mai importante, cu informații suplimentare acolo unde este cazul. La sfârșitul cărții veți găsi un index alfabetic al simptomelor, cu ajutorul căruia veți putea stabili care sunt pozițiile cele mai potrivite pentru tratarea lor.

Pozițiile la nivelul capului

Poziția 1

Plasați palmele într-o poziție paralelă, la dreapta și la stânga nasului, de la frunte și până deasupra maxilarului superior.

Poziția acoperă ochii, sinusurile frontale și nazale, glanda pituitară (glandele cu secreție internă trebuie întotdeauna incluse în tratamentul tulburărilor glandulare, dar cele mai puternice efecte ale tratamentului Reiki se produc la nivelul acestei glande), glanda pineală, cea de-a șasea *chakra* (al treilea ochi) și zonele reflexe

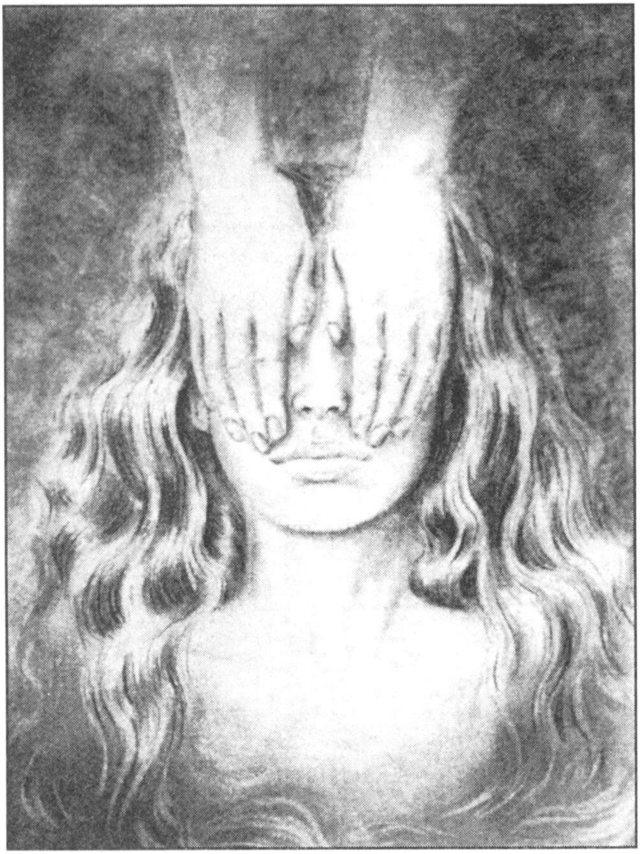

Fig. 8: Poziția 1

pentru toate organele importante din organism (întregul corp este reflectat de față).

Se recomandă îndeosebi în caz de oboseală/stres, tulburări ale sinusurilor frontale și nazale asociate cu răceala sau cu gripa, afecțiuni ale ochilor, tulburări legate de slăbiciune/dependențe, alergii, o stare generală de nemulțumire. Este poziția de bază pentru toate bolile cronice (indiferent de natura lor).

Fig. 9: Poziția 2

Poziția 2

Palmele sunt plasate deasupra tâmplelor, astfel încât vârfurile degetelor ating oasele obrajilor.

Poziția acoperă muşchii şi nervii oculari, precum şi cele două emisfere cerebrale.

Se recomandă pentru echilibrarea celor două emisfere cerebrale (care guvernează emoțiile şi respectiv rațiunea). Este extrem de utilă în caz de stres, dificultăți de învățare, lipsa puterii de concentrare, precum şi în cazurile în care persoana se lasă prea uşor pradă emoțiilor sale sau este prea cerebrală. Se recomandă în caz de răceală şi dureri de cap.

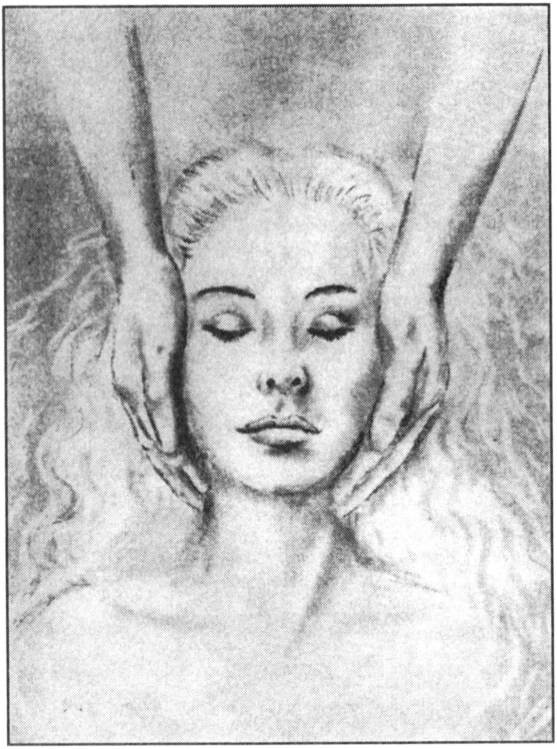

Fig. 10: Poziția 3

Poziția 3

Palmele sunt plasate deasupra urechilor.

Poziția acoperă urechile, organele interne ale echilibrului şi regiunea faringiană.

Dat fiind că urechile conțin zeci de puncte de acupunctură, această poziție este esențială pentru toate tipurile de boli. Se recomandă îndeosebi în cazul tulburărilor de echilibru, al bolilor nazale şi faringiene, al răcelilor, al pierderii auzului (faza acută) şi al stărilor de confuzie.

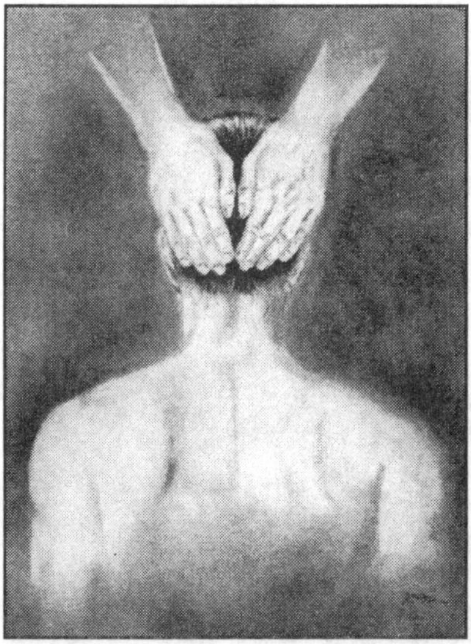

Fig. 11: Poziția 4

Poziția 4

Palmele sunt așezate pe partea din spate a capului, cu degetele de-a lungul *medullei oblongata* (partea moale care poate fi simțită în partea din spate a capului, în jumătatea de jos).

Acoperă zonele reflexe care corespund primelor patru *chakra*-e, creierul, *medulla oblongata* (extensia șirei spinării), meridianul intestinului gros, cel al vezicii biliare, al triplului încălzitor și meridianul de control (vasul guvernator).

Se recomandă îndeosebi pentru relaxare, în cazul durerilor de cap, al afecțiunilor ochilor, răcelilor, tulburărilor abdominale, anxietății, blocajelor la nivelul celei de-a șasea *chakra,* astmului, hiperventilației (pierderea controlului asupra respirației din cauza unor emoții foarte puternice; senzație de sufocare sau gâfâit), tulburărilor circulatorii, strănutului, greții, tulburărilor cronice legate de reflexul înghițitului.

Fig. 12: Poziția 5

Poziția 5

Palmele sunt plasate deasupra gâtului, în partea din față a acestuia. În această poziție nu atingeți pielea, căci sunt persoane cărora acest lucru le provoacă o stare de teamă (asociată cu sufocarea).

Poziția acoperă glanda tiroidă, cea paratiroidă, laringele, coardele vocale, nodulii limfatici de la nivelul gâtului (amigdalele) și cea de-a cincea *chakra*.

Se recomandă în caz de tulburări metabolice, probleme legate de greutatea corporală, anorexie, bâlbâit, anxietate, palpitații, postură corporală greșită, tensiuni cronice la nivelul picioarelor, ale zonei pelviene și mușchilor umerilor, hiper sau hipotensiune, agresivitate reprimată, sau dimpotrivă, agresiune necontrolată, tulburări de comportament și de comunicare, dureri de gât, amigdalită, răgușeală, insecuritate.

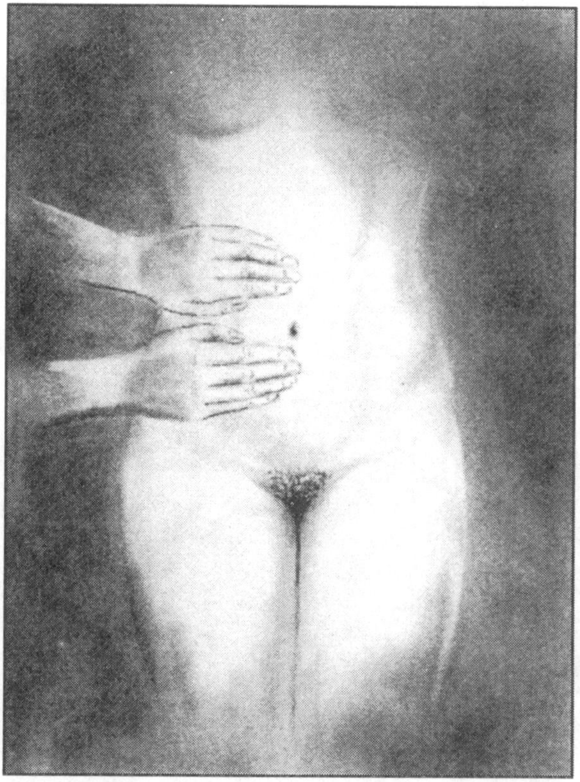

Fig. 13: Poziția 6

Poziții la nivelul trunchiului
Poziția 6

Palmele sunt plasate pe partea dreaptă a corpului, una deasupra coastelor inferioare şi cealaltă sub ea.

Poziția acoperă ficatul şi vezica biliară.

Se recomandă în caz de tulburări hepatice şi ale vezicii biliare, tulburări digestive, hemoroizi, agresivitate excesivă sau reprimată, hipertensiune, tulburări metabolice, pentru detoxificare.

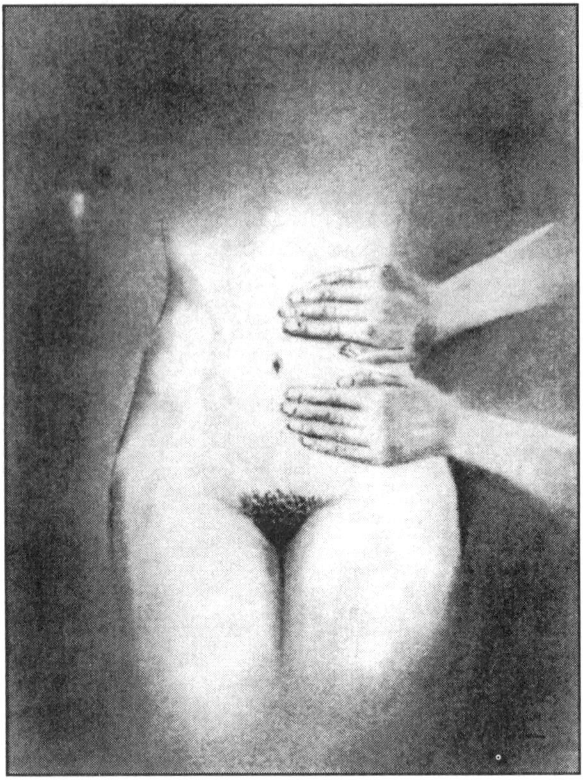

Fig. 14: Poziția 7

Poziția 7

Această poziție este identică cu cea anterioară, dar se realizează pe partea stângă a corpului.

Acoperă o parte din pancreas, splina şi intestinul subțire.

Se recomandă în caz de diabet (vezi şi poziția specială a cotului), bolile pancreasului şi splinei, predispoziție pentru infecții (tendință către inflamații), indigestie, pentru crearea globulelor roşii din sânge.

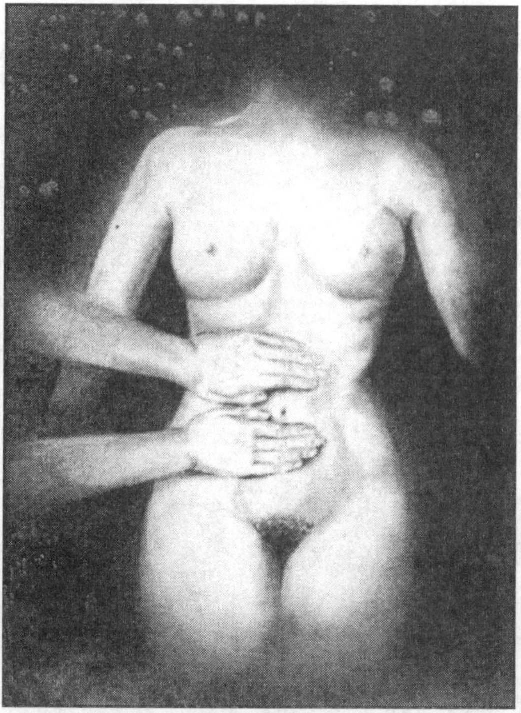

Fig. 15: Poziția 8

Poziția 8

O palmă este plasată deasupra ombilicului, iar cealaltă sub ea. Poziția acoperă plexul solar, stomacul, cea de-a treia *chakra,* organele digestive, punctul *hara.*

Se recomandă în caz de anxietate, pentru armonizare interioară, în caz de boli gastrointestinale, greață, arsuri la stomac, senzație de balonare, pentru facilitarea digestiei, în caz de hemoroizi, pentru amplificarea vitalității, în caz de orgoliu excesiv sau de complex de inferioritate, tulburări metabolice, contra depresiei.

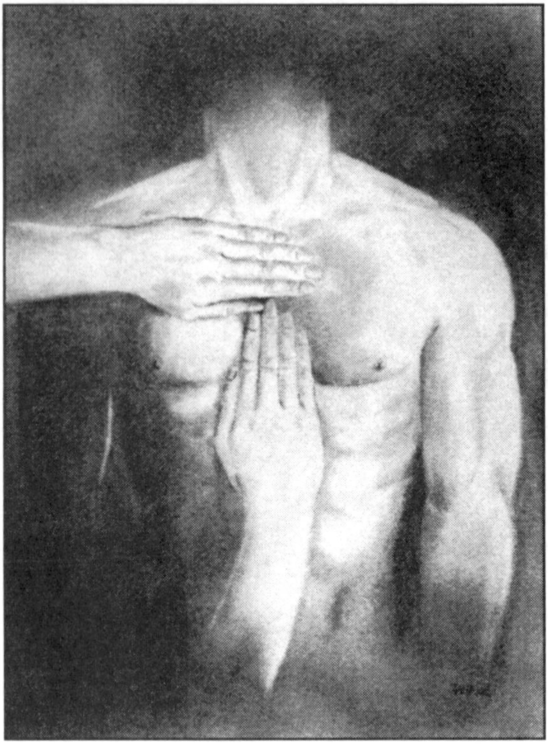

Fig. 16: Poziția 9

Poziția 9

O palmă este plasată deasupra timusului, iar cealaltă în unghi drept, în partea centrală a pieptului (între sâni). Cele două palme formează un „T".

Poziția acoperă timusul, inima, plămânii şi cea de-a patra *chakra*.

Contribuie la întărirea sistemului imunitar, este utilă în caz de tulburări cardiace, ale sistemului limfatic, surzenie, emoții excesive sau reprimate, boli ale plămânilor, slăbiciune generală, depresie.

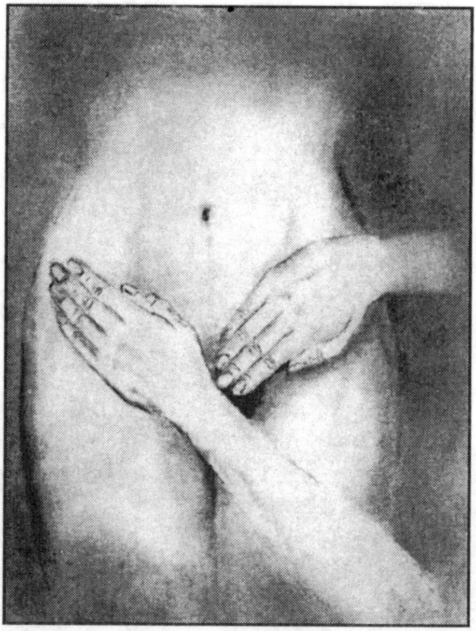

Fig. 16: Poziția 10

Poziția 10

Degetele mari ale palmelor sunt plasate deasupra oaselor pelviene. Degetele sunt lipite între ele şi se suprapun cu osul pubian. Împreună, cele două palme alcătuiesc un „V".

Poziția acoperă organele urogenitale, intestinele, apendicele, primele două *chakra*-e.

Se recomandă în caz de afecțiuni ale sistemului urogenital, tumori la sân, imposibilitatea de a atinge orgasmul, tulburări digestive, teama de apropiere fizică, alergii (este principala poziție pentru acest gen de afecțiuni), slăbiciune generală, convalescență, probleme sexuale, probleme legate de greutate, anorexie, circulație, pentru întărirea sistemului imunitar, în cazul absenței dorinței de a trăi şi al bucuriei vieții.

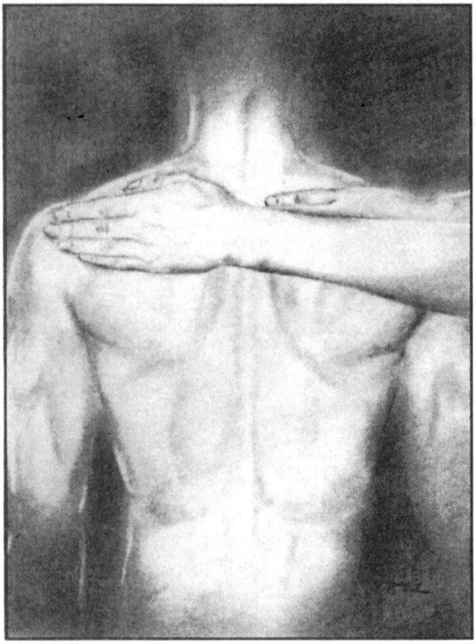

Fig. 18: Poziția 11

Poziții ale spatelui
Poziția 11

Palmele sunt plasate între umeri şi omoplați.

Poziția acoperă anumite *chakra*-e minore (care guvernează responsabilitatea), muşchii gâtului şi ai umerilor, meridianul triplului încălzitor, al intestinului subțire, al intestinului gros, al vezicii urinare şi al vezicii biliare.

Se recomandă în caz de dureri de cap, tensiuni la nivelul umerilor şi gâtului, probleme legate de responsabilitate (în cazul celor care se simt responsabili pentru toți cei din jur, care îşi fac tot timpul griji, sau invers, care nu îşi asumă niciodată responsabilități).

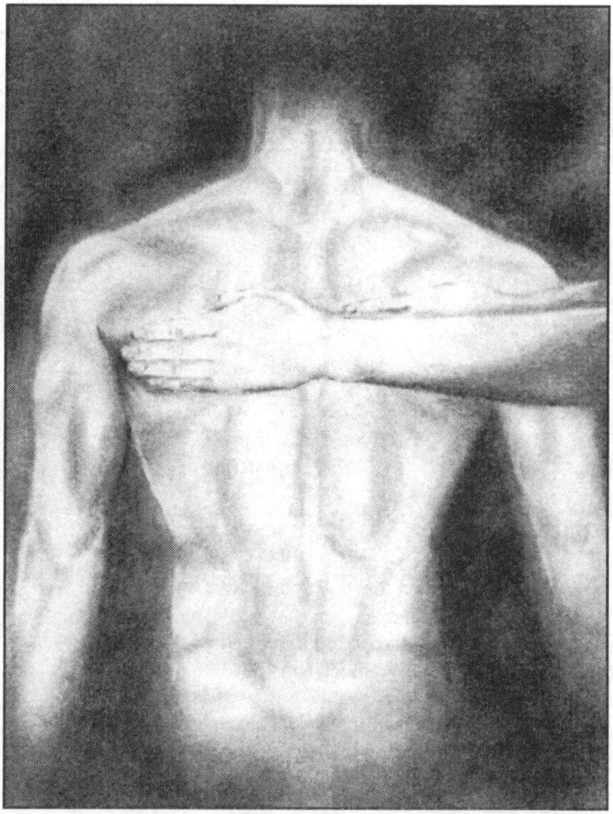

Fig. 19: Poziția 12

Poziția 12

Palmele sunt plasate deasupra omoplaților.

Poziția acoperă plămânii, inima, meridianul intestinului subțire şi cel al vezicii urinare.

Se recomandă în caz de boli cardiace şi ale plămânilor, dificultate de a-şi recunoaşte propriile sentimente/imitarea sentimentelor celor din jur, depresii şi manii.

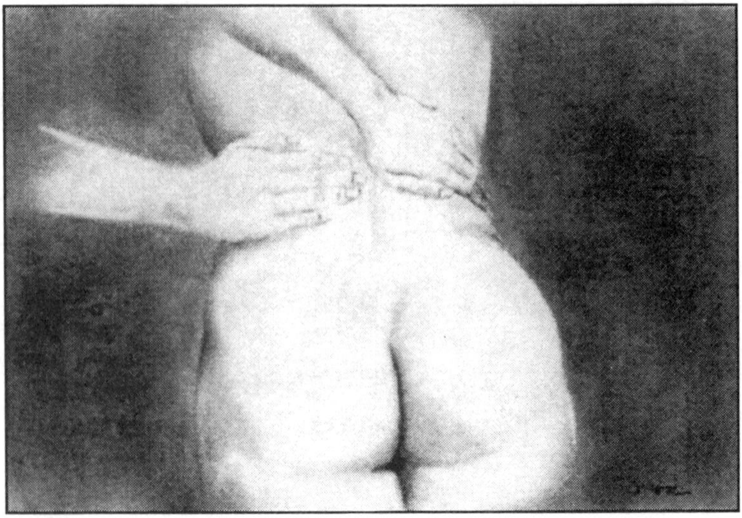

Fig. 20: Poziția 13

Poziția 13

Palmele sunt plasate deasupra rinichilor, acoperind inclusiv coastele inferioare.

Poziția acoperă glandele suprarenale și rinichii.

Se recomandă în caz de stres, toate tipurile de probleme legate de parteneriatul de cuplu și de relațiile interumane, boli ale rinichilor, alergii, șocuri (această poziție este extrem de importantă pentru prevenirea unei crize de rinichi după trăirea unui șoc!), detoxificare, în terapiile de purificare, pentru probleme sexuale, în caz de teamă de apropierea fizică, teamă de înălțime sau de cădere, dificultate în împărtășirea sentimentelor.

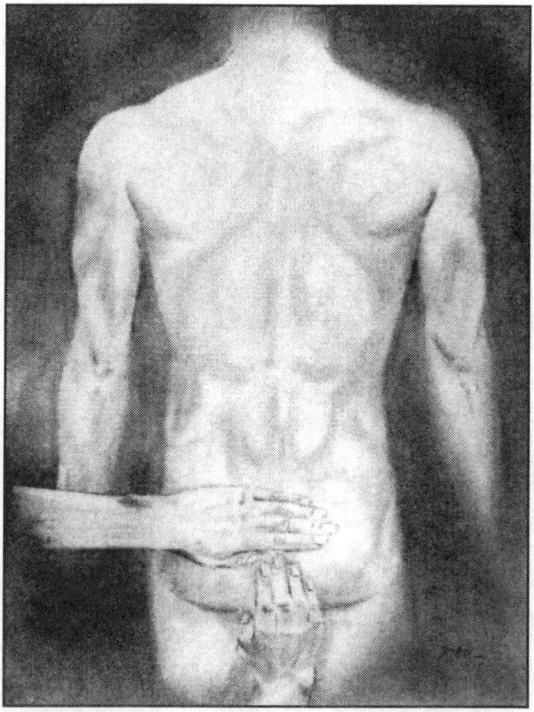

Fig. 21: Poziția 14

Poziția 14

O palmă este plasată orizontal deasupra osului sacral (situat chiar deasupra despicăturii feselor), iar cealaltă este plasată vertical, chiar sub ea (presiunea acesteia este puțin mai mare).

Poziția acoperă prima *chakra,* intestinele, sistemul urogenital şi nervul sciatic.

Se recomandă pentru fortificare generală, în caz de hemoroizi (nu are însă decât efecte simptomatice, nu vindecă această boală!), tulburări digestive, fisuri anale şi enterite, sciatică, tulburări ale sistemului urogenital.

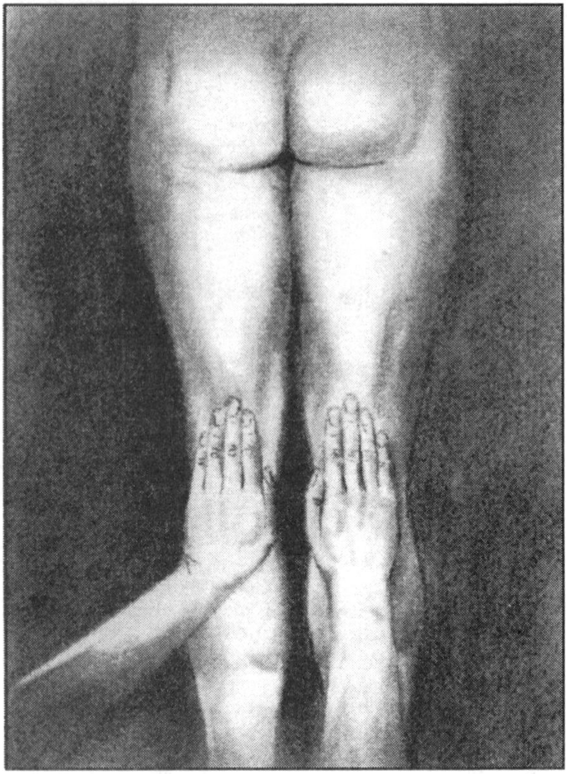

Fig. 22: Poziția 15

Poziția 15

Palmele sunt aşezate peste genunchi.

Poziția acoperă anumite *chakra*-e minore (care guvernează adaptarea flexibilă la toate situațiile vieții, capacitatea de învățare şi spiritul critic), genunchii şi meniscul.

Se recomandă în caz de probleme la genunchi, rănire datorată activităților sportive, blocaje care afectează fluxul energetic dinspre tălpi către *chakra* rădăcinii.

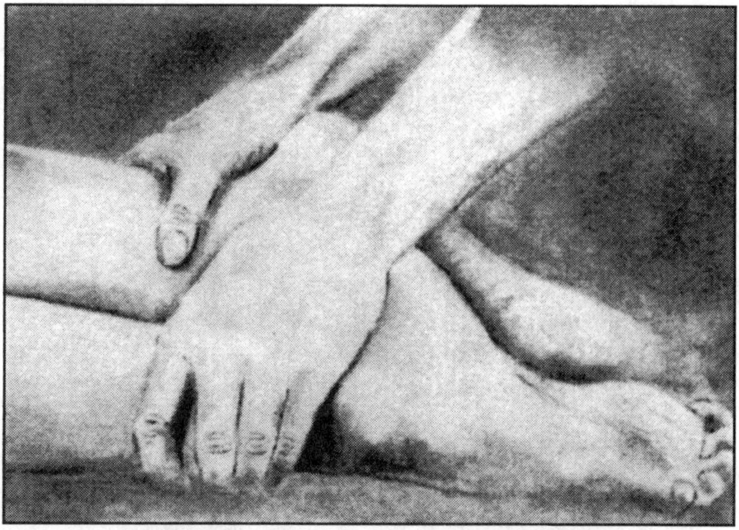

Fig. 23: Poziția 16

Poziția 16

Palmele sunt plasate în jurul gleznelor.

Poziția acoperă gleznele şi zonele reflexe ale organelor pelviene.

Se recomandă în caz de probleme la glezne, blocaje care împiedică fluxul normal al energiei dintre tălpi către *chakra* rădăcinii, boli ale zonei pelviene.

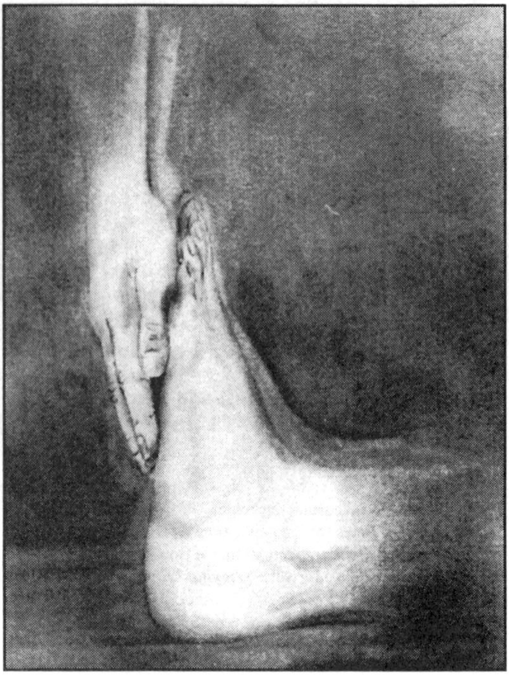

Figura 24: Poziția 17

Poziția 17

Palmele sunt plasate pe tălpi, cu degetele orientate în jos.

Poziția acoperă zonele reflexe ale tuturor organelor, meridianul stomacului, al ficatului, al rinichilor şi al vezicii biliare.

Se recomandă pentru trezirea tuturor *chakra*-elor şi punerea lor în rezonanță cu energia telurică a pământului, în caz de migrene, pentru întărirea *chakra*-ei rădăcinii şi a aurei. Este foarte importantă în cazul oamenilor foarte sensibili. Trebuie practicată în caz de comă, după anestezie şi după orice fel de şoc. Niciun tratament integral al corpului nu poate fi eficient fără tratarea tălpilor şi a gleznelor.

Poziții speciale

Diabet: palmele sunt plasate deasupra coatelor. Tratamentul trebuie făcut regulat, timp de cel puțin zece minute pentru fiecare ședință.

Probleme ale încheieturii șoldurilor: palmele sunt plasate pe șolduri, de o parte și de alta a corpului. Este necesar tratamentul regulat o perioadă lungă de timp, pe cât posibil nu mai puțin de zece minute pentru fiecare ședință.

Scleroză multiplă: ambele palme sunt plasate pe creștetul capului. Este necesar tratamentul regulat o perioadă lungă de timp, pe cât posibil nu mai puțin de zece minute pentru fiecare ședință.

Sciatică: o palmă acoperă zona sacrală, iar cealaltă una din tălpi. În continuare, va fi tratată cealaltă talpă. Este necesar tratamentul regulat o perioadă lungă de timp, pe cât posibil nu mai puțin de zece minute pentru fiecare ședință.

Atac de cord (inclusiv o lungă perioadă de timp după producerea acestuia!): lăsați energia Reiki să curgă către pacient, ținând palmele deasupra sau dedesubtul inimii sale. Nu plasați niciodată mâinile direct pe inimă! În caz de atac de cord, chemați imediat un specialist!

Notă importantă:* *Reiki este un tratament complementar în caz de prim ajutor, dar nu înlocuiește măsurile medicale specifice. Aceeași observație este valabilă în cazul tuturor bolilor.

Efectul vindecător al energiei Reiki poate fi „calculat" empiric după cum urmează: perioada de tratament x frecvența tratamentelor x capacitatea de transfer a energiei pe care o manifestă canalul (instructorul) x capacitatea subconștientă a persoanei bolnave de a-și accepta creșterea spirituală x voința divină. Fără voința Spiritului Universal nimic nu se poate face!

De altfel, rareori am auzit cazuri ca Spiritul Universal să aibă ceva de obiectat împotriva vindecării. Cele mai multe obstacole în calea acesteia provin de la oameni.

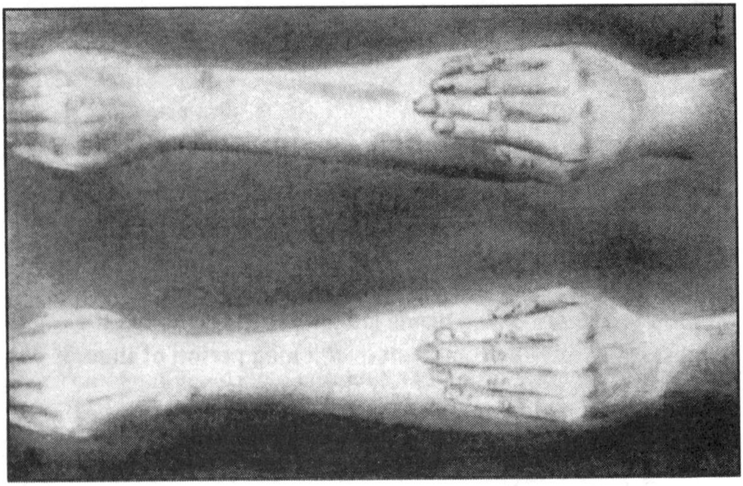

Fig. 25: Poziția specială care trebuie aplicată în caz de diabet

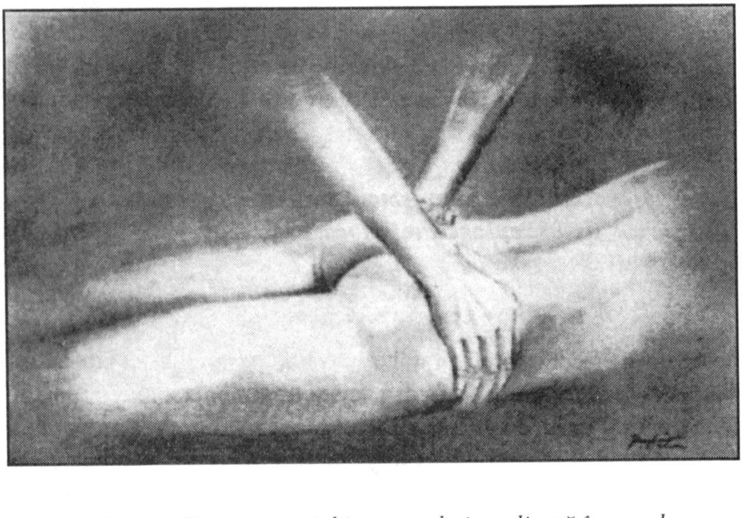

Fig. 26: Poziția specială care trebuie aplicată în cazul unor probleme la nivelul șoldurilor

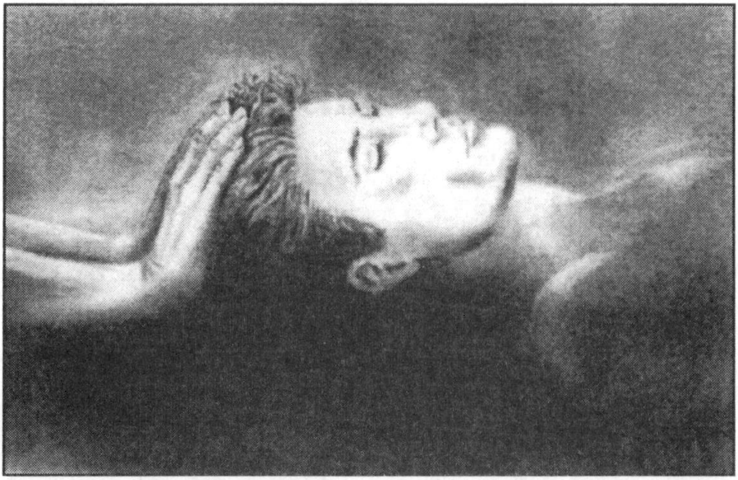

Fig. 27: Poziția specială care trebuie aplicată în caz de scleroză multiplă

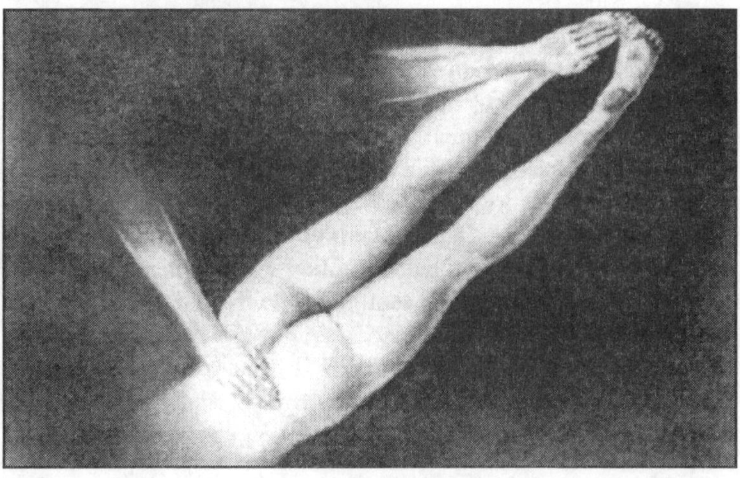

Fig. 28: Poziția specială care trebuie aplicată în caz de sciatică

Capitolul şase

ALTE APLICAŢII REIKI SPECIFICE

În acest capitol doresc să vă ofer o serie de informaţii legate de unele aplicaţii Reiki specifice. Poziţiile care corespund anumitor scopuri speciale pot fi studiate în rezumatul de la sfârşitul capitolului precedent. Înainte de a oferi însă un tratament Reiki specific în cadrul tratamentul integral al corpului este bine să răspundeţi mai întâi la următoarele întrebări:

De ce consider că este nevoie de un tratament specific în acest caz particular?

Aplicaţiile specifice ale energiei Reiki sunt recomandate în cazul unor blocaje clar definite şi al anumitor simptome acute. Ca regulă generală, blocajele care pot împiedica receptarea energiei Reiki (care împiedică pacientul să simtă curgerea acesteia) trebuie eliminate înainte de şedinţa propriu-zisă. Aceste blocaje pot fi cronice şi sunt percepute de regulă sub forma unei senzaţii de răceală. Nimic nu poate trece de ele. Cauza lor este legată în cele mai multe cazuri de anumite traume de demult, de şocuri care nu au fost tratate corespunzător şi alte asemenea blocaje psiho-mentale. Alte zone, care sunt percepute ca fiind fierbinţi şi care acumulează prea multă energie, trebuie netezite înainte de începerea tratamentului integral al corpului. Aceste blocaje „fierbinţi" reprezintă acumulări de energie acută sau pre-acută care pot fi degajate cu destulă uşurinţă, dar prezintă uneori tendinţa să acumuleze apoi din nou energie, din cauza unor blocaje mai profunde care continuă să existe. Dacă nu sunteţi sigur în ce zonă trebuie să vă concentraţi eforturile, puteţi efectua tratamentul integral al corpului fără să vă mai preocupaţi de aceste blocaje.

Pe măsură ce aceste acumulări de energie sunt eliberate, pacientul poate simţi stări de tristeţe, bucurie, furie, sau alte sentimente, poate izbucni în râs sau în plâns. Pe cât posibil, urmăriți ca pacientul să nu părăsească ședința de Reiki cu blocaje numai parțial deblocate, din care energia continuă să fie eliberată, căci este posibil ca la scurt timp să fie copleșit de emoții și să intre într-o situație critică din care să nu poată ieși singur. De multe ori, este dificil să-ți dai seama cât de repede se dizolvă un anumit blocaj și cât de multă energie este eliberată în decursul acestui proces. Ceea ce contează însă este ca energia eliberată să fie integrată, lucru evident numai atunci când pacientul devine capabil să își accepte sentimentele. Acest lucru nu este întotdeauna ușor, mai ales dacă la suprafață ies emoții reprimate foarte multă vreme. De aceea, se recomandă ca activitatea de integrare să fie supervizată de un alt specialist (nu de un instructor de Reiki), pentru simplul motiv că ea reprezintă de obicei un tratament de lungă durată. Printre tratamentele recomandate se numără „terapia prin renaștere" sau diferite exerciții fizice. Este indicat de asemenea lucrul cu cristale roz.

La nivel organic, este necesar uneori să faceți un tratament specific în anumite zone problematice, pentru ca organele și vasele slăbite să fie aprovizionate cu o energie vitală suplimentară. De pildă, există poziții speciale care sunt recomandate pentru diabet, scleroză multiplă etc. Pentru informații suplimentare, consultați capitolul anterior.

De ce consider că tratamentul Reiki poate funcționa fără ajutorul altor terapii complementare în cazul de față?

Răspunsul la această întrebare trebuie să fie întotdeauna afirmativ, mai ales în caz de urgențe. Reiki poate fi extrem de utilă în asemenea situații. De multe ori, aplicațiile sale se pot dovedi de-a dreptul salvatoare, mai ales până la sosirea asistenței medicale; de pildă, în cazul unor blocaje renale, pentru oprirea hemoragiilor, pentru calmarea pacientului etc.

Terapia prin Reiki este la fel de utilă și în cazurile de răni minore precum arsurile de grad mic, tăieturi, mușcături de insecte,

Figura 29: Exercițiu Reiki de relaxare

dureri la nivelul picioarelor, și așa mai departe. La fel, crampele provocate de o activitate sportivă, durerile de stomac, senzația de greață, durerile de cap și de gât – pot fi tratate prin Reiki fără a recurge la medicamente.

De ce instrumente suplimentare voi avea nevoie pentru această aplicație specifică?

Înaintea unei ședințe de Reiki se recomandă să aveți întotdeauna o discuție cu pacientul pentru stabilirea unei atmosfere de încredere reciprocă. În acest scop, folosirea anumitor mirosuri parfumate și a muzicii poate ajuta pentru crearea unei atmosfere pozitive. Alte măsuri specifice pot ajuta pacientul să devină mai receptiv; de pildă, eliminarea blocajelor energetice prin terapia prin credință, lucrul cu pietre prețioase, masajul (cu uleiuri esențiale), lucrul cu anumite *mantra*-e sau vocale și repetarea unor idei-forță (afirmații pozitive), de genul: „Sunt pregătit să primesc iubire", „Mă accept așa cum sunt", „Sunt totul în toate" etc. De multe ori, discuțiile de după ședința de Reiki se dovedesc la fel de importante, pentru a ajuta pacientul să își integreze emoțiile eliberate. Îi puteți recomanda o piatră prețioasă cu care să lucreze (în acest scop, consultați capitolul 9) sau un miros parfumat (capitolul 11). Dacă ajungeți la concluzia că pacientul dumneavoastră are nevoie de o asistență de specialitate pe care dumneavoastră nu i-o puteți oferi, îi puteți recomanda un terapeut calificat.

Cum pot evalua responsabilitatea care îmi revine atunci când efectuez o ședință de Reiki? Care este statutul meu legal în cazul de față?

Dacă nu aveți un răspuns clar la această întrebare, puteți consulta un oracol sau puteți avea o discuție lămuritoare cu pacientul dumneavoastră. Este un gest de încredere și mulți pacienți răspund la el deschizându-se mai mult în fața dumneavoastră. În multe cazuri, această discuție lămuritoare este suficientă pentru a clarifica problema. Totuși, dacă sunteți de părere că boala pacientului vă depășește cu mult capacitatea, nu trebuie să pierdeți din vedere posibilitatea de a împărți această responsabilitate cu un alt terapeut, mai experimentat.

Dacă sunteți un practicant al terapiilor holistice naturiste sau chiar un medic specializat în asemenea terapii, răspunsul la întrebarea de mai sus va fi uşor de dat, căci vă veţi cunoaşte exact competenţele. Dacă sunteţi un terapeut în sensul mai larg al cuvântului (fără o specializare în domeniul terapiilor naturiste holistice), limitele legale ale activităţilor terapeutice pe care le puteţi efectua vor fi mai clar definite, dar şi mai înguste. De pildă, legea interzice persoanelor private (inclusiv celor care au urmat cursuri de specialitate, dar care nu au obţinut o licenţă din partea autorităţilor de a practica terapia respectivă) să efectueze activităţi vindecătoare, în special plătite. Această interdicţie acoperă deopotrivă domeniul medical şi cel psihoterapeutic. Dacă o încălcaţi, puteţi fi pus sub acuzare.

Evident, nimeni nu va avea vreodată obiecţii dacă ajutaţi pe cineva (prieteni, rude) în cazul unor afecţiuni minore sau dacă le transmiteţi copiilor dumneavoastră energie Reiki. Dacă efectuaţi însă asemenea activităţi contra unor sume de bani, pot apărea probleme. De aceea, trebuie să vă clarificaţi întotdeauna statutul legal, studiind legile în vigoare care se referă la practicanţii terapiilor ne-medicale.

De altfel, aplicaţiile Reiki specifice se recomandă înainte de toate pentru prevenirea şi tratamentul afecţiunilor minore, caz în care se dovedesc mult mai utile pentru corp decât ingerarea medicamentelor. În cazul unor probleme grave, acestea trebuie lăsate pe seama terapeuţilor licenţiaţi. Informaţiile oferite în această carte au în principal scopul de a vă ajuta să practicaţi Reiki în particular, nu în cabinete oficiale. Asta nu înseamnă că nu vă puteţi informa cât mai amplu în legătură cu celelalte posibilităţi pe care le oferă această terapie. Nu se ştie niciodată ce situaţii de urgenţă îţi oferă viaţa, aşa că este bine să fii pregătit.

Rezumat

Aplicaţii Reiki specifice

Aplicaţiile Reiki specifice sunt utile în caz de:
urgenţe, pentru tratarea afecţiunilor minore, eliminarea blocajelor energetice, tonifierea anumitor organe şi a vaselor sanguine.

Se recomandă:
să țineți cont și de alte măsuri complementare, care pot ajuta la crearea unei stări de receptivitate față de energia Reiki – înainte de ședință, și la integrarea armonioasă a energiilor eliberate din blocaje – după ședință.

Se recomandă de asemenea:
să țineți cont de calificarea pe care o aveți și să purtați o discuție lămuritoare cu pacientul pe această temă, clarificând astfel responsabilitatea juridică ce vă revine și eventualele repercusiuni pe care le puteți suferi din cauza nerespectării legilor în vigoare.

Capitolul şapte

DIFERITE METODE DE DEPISTARE A DEZECHILIBRELOR ÎN SISTEMUL ENERGETIC SUBTIL

Uneori, înaintea şedinţei de Reiki este important să stabilim cu cât mai multă precizie principalele zone care necesită tratament şi punctele problematice ale corpului subtil (eteric). În acest scop există câteva metode cât se poate de eficiente. Vom prezenta în continuare o parte dintre ele.

Dacă veţi lucra frecvent cu energia Reiki, vă veţi dezvolta o sensibilitate din ce în ce mai mare, îndeosebi la nivelul mâinilor. Veţi începe astfel să sesizaţi amprentele energetice. Exerciţiul care urmează vă va ajuta să vă dezvoltaţi mai rapid această sensibilitate. Începeţi prin a depărta mâinile la o distanţă de circa o jumătate de metru, cu palmele orientate faţă în faţă. În continuare, apropiaţi foarte lent palmele una de cealaltă. Încercaţi să sesizaţi schimbările care se produc în timpul acestui proces. Dacă veţi practica acest exerciţiu simplu timp de câteva săptămâni, facultatea de percepţie a palmelor va creşte dramatic.

Cum poate fi folosită însă această percepţie? Cum pot fi interpretate aceste mesaje?

Din păcate, nu există un răspuns singular la această întrebare. Mai întâi trebuie să experimentaţi cât mai mult, după care veţi putea interpreta singur mesajele primite. Există totuşi o serie de senzaţii distincte care sunt receptate la fel de toţi oamenii şi care pot oferi în consecinţă anumite indicii. Experienţa personală vă va ajuta să stabiliţi dacă aceste indicii sunt utile pentru dumneavoastră. În acest scop, va trebui să observaţi în ce măsură senzaţiile pe care le percepeţi diferă sau nu de acestea. În fond, singurele care contează sunt propriile dumneavoastră percepţii, căci ele reprezintă accesul dumneavoastră individual la informaţiile de pe nivelul subtil al pacientului pe care îl tratați. Vom începe aşadar prin a examina cele mai comune percepții şi posibila lor semnificație.

Furnicături: această senzație indică de regulă o inflamație. Simțul percepției vă poate ajuta să stabiliți dacă această inflamație este acută, sub-acută sau cronică. Intensitatea senzației de furnicături poate oferi un prim indiciu. Furnicăturile foarte intense, care se extind uneori până în zona umerilor, semnalează adeseori o inflamație severă. Dacă sunteți medic sau practicant holistic al terapiilor naturiste, puteți face analiza ratei de sedimentare a eritrocitelor (RSE), pentru a obține astfel informații suplimentare. Dacă nu sunteți calificat pentru un asemenea test, ar trebui să trimiteți pacientul la un medic calificat. Oricum, Reiki este un instrument foarte eficient în asemenea situații, putându-le rezolva chiar de unul singur în cazurile mai puțin severe.

Răceală: această senzație poate fi cauzată de un blocaj energetic mai vechi care împiedică fluxul normal al vitalității organismului. Acestor zone trebuie să li se acorde de regulă o mare atenție, pentru a elimina blocajele energetice. De multe ori, este necesară angrenarea voinței pacientului pentru a scoate la lumină amintiri dureroase, demult uitate, deblocând astfel zona rece. În asemenea cazuri, se recomandă tratamentul integral al corpului, insistând asupra zonei respective. Deblocarea energiei oferă de regulă un mare potențial pentru creşterea spirituală a persoanei, dar presupune foarte multă muncă interioară.

Căldură: dacă simțiți o senzație de căldură la nivelul palmelor, puteți interpreta acest indiciu ca un semn că energia vitală pe care o transferați este absolut necesară şi binevenită. Senzațiile pot varia între călduț şi fierbinte (fără să fie totuşi neplăcute). Organismele vitale, dar obosite, absorb imediat energia de care au nevoie. Dacă senzația de căldură este perceptibilă la nivelul întregului corp al pacientului, nu contează zona asupra căreia vă focalizați energia Reiki, căci ea se va orienta singură către regiunile cele mai afectate (dacă nu întâmpină nicio rezistență în calea sa). În asemenea cazuri nu prea apar reacții adverse (decât în situații de excepție).

Puternică atracție magnetică: această senzație indică de regulă că energia Reiki este solicitată de urgență în zona respectivă, fiind mai mult decât binevenită. După ce senzația de atracție magnetică încetează, așteptați câteva clipe pentru a vedea dacă nu este urmată de alte senzații. Este posibil să simțiți o vibrație diferită. Dacă nu este cazul, treceți la poziția următoare.

Respingere magnetică: de cele mai multe ori, această senzație indică un blocaj vechi, adânc înrădăcinat, care împiedică fluxul normal al energiei vitale a pacientului. Aceste blocaje sunt asociate de regulă cu anumite procese vitale ale organismului. De aceea, este bine să vă întrebați pacientul dacă este dispus să își asume deblocarea energiilor, suportând consecințele de rigoare. În caz afirmativ, puteți efectua anumite tehnici complementare de eliminare a blocajelor, cum ar fi metoda mentală predată pentru gradul doi de Reiki, urmată de rostirea anumitor afirmații sau de folosirea altor instrumente menite să ajute pacientul să se deschidă. Procedați întotdeauna cu delicatețe, ținând cont de starea firească de anxietate a bolnavului, și nu uitați că procesul are nevoie de timp pentru a se derula.

Senzație de curgere: sugerează că energia vitală a început deja să curgă și că orice impuls vital suplimentar este binevenit, căci poate conduce la o ridicare a frecvenței de vibrație a organismului. Orice ședință de Reiki este percepută ca o scufundare într-un câmp universal de iubire, care oferă siguranță. Este o dovadă a creșterii naturale a pacientului.

Durere ascuțită: poate fi un simptom al declanșării procesului de dizolvare a unei acumulări de energie. Odată eliberată, energia își ridică frecvența vibratorie și este integrată de restul sistemului. Confruntarea cu zona reprimată anterior se poate dovedi însă dureroasă şi stresantă. În acest caz, nu vă grăbiţi să încheiaţi prea rapid şedinţa de Reiki, ci efectuaţi întregul tratament corporal. Nu uitaţi de asistenţa de care pacientul are nevoie după şedinţă, pentru integrarea energiei eliberate.

Durere surdă: această senzaţie se referă de multe ori la un blocaj vechi, aflat încă într-o stare subconştientă, dar gata să fie eliberat (după cum indică reacţia). Dacă remarcaţi această senzaţie, asiguraţi un transfer mai mare de energie Reiki în această zonă, până când structura pietrificată este complet dizolvată. În acest caz nu este absolut necesar tratamentul integral al corpului, dar acesta poate accelera procesul de dizolvare a blocajului. Observaţi cu atenţie acest proces. Când constataţi că blocajul a început să se dizolve, puteţi trece la restul tratamentului integral.

Înţepături dureroase: indică o acumulare de energie gata să fie eliberată, dar care nu a fost încă integrată de restul sistemului energetic. În acest caz, se recomandă şedinţe suplimentare şi regulate de Reiki, care să includă tratamentul integral al corpului.

Există şi alte metode de cultivare a sensibilităţii mâinilor, cum ar fi de pildă metoda de sesizare a activităţii *chakra*-elor (vezi şi capitolul 8). Pentru aceasta, rugaţi pacientul să stea în picioare sau aşezat pe un scaun, cu spatele drept. Plasaţi apoi mâinile de o parte şi de alta a corpului său (în faţă şi în spate), cu palmele orientate către *chakra* pe care doriţi să o analizaţi. Sesizaţi percepţiile pe care le simţiţi. Faceţi note separate pentru fiecare *chakra* în parte (faţă/spate) şi evaluaţi-le în funcţie de criteriile descrise în acest capitol şi în cel care va urma. În anumite cazuri, se recomandă să analizaţi inclusiv *chakra*-ele minore.

Uneori, percepţiile pacientului pot fi diferite de ale dumneavoastră. Nu vă lăsaţi indus în eroare de acest lucru. Ascultaţi de vocea intuiţiei dumneavoastră şi stabiliţi dacă acţionaţi ca un canal Reiki sau nu. Singura relevantă în această situaţie este intuiţia. De altfel, în general vorbind, este de preferat să nu îi oferiţi pacientului prea multe detalii referitoare la zonele cu blocaje energetice şi la semnificaţia lor. De cele mai multe ori, acest lucru nu face decât să îl sperie. Totuşi, dacă sunteţi pregătit inclusiv pentru consiliere psihologică, vă puteţi folosi cunoaşterea în beneficiul acestuia.

O altă metodă de localizare a blocajelor este cea a pendulului energetic. În Anexă veţi găsi tabelele care corespund studiului *chakra*-elor cu pendulul, cele pentru organe şi alte măsurători care pot însoţi o şedinţă de Reiki şi care vă pot facilita munca. Dacă nu aveţi niciun fel de practică în lucrul cu pendulul, merită să faceţi un curs şi să acumulaţi puţină experienţă înainte de a lucra cu aceste tabele. Pendulul este un instrument cât se poate de eficient, dar puţină lume ştie să lucreze corect cu el. Tabelele pot fi consultate în situaţii de genul:

- „Care este cauza bolii?" (stabiliţi dacă există o singură cauză sau mai multe)
- „Către ce organe, *chakra*-e, meridiane sau părţi ale corpului trebuie focalizată energia Reiki?" (există zone suplimentare care necesită o atenţie specială? Dacă da, care sunt acestea?)
- „Ce organe, *chakra*-e, meridiane sau părţi ale corpului nu necesită în momentul prezent o suplimentare cu energie Reiki?" (stabiliţi dacă există mai multe asemenea zone)
- „Ce măsuri pregătitoare trebuie luate?"
- „Ce măsuri trebuie să practice pacientul după şedinţa de Reiki?"
- „Am făcut vreo greşeală atunci când am folosit pendulul sau când am pus vreuna din întrebări?"

În timp ce încercaţi să răspundeţi la aceste întrebări, pacientul nu trebuie neapărat să fie de faţă. Este suficient să dispuneţi de o fotografie a lui, de o hârtie scrisă de el sau pur şi simplu de o impresie personală. Puteţi repeta întrebările adresate pendulului şi după şedinţa de Reiki, pentru a stabili dacă s-au produs schimbări majore, care necesită măsuri diferite.

Dacă nu aveți la îndemână tabelele, puteți aplica pendulul direct deasupra corpului pacientului. Înainte de a stabili zonele individuale asupra cărora trebuie să insistați sau pe care trebuie să le evitați, este necesar să fiți cât se poate de familiarizat cu modalitatea pendulului de a indica răspunsurile: „da”, „nu” și „nu știu”.

Mai mult, atunci când faceți aplicații Reiki specifice, puteți folosi pendulul pentru a stabili care este zona corporală care are cea mai mare nevoie de energie Reiki în momentul prezent. Întrebarea care trebuie pusă în acest scop (cu pacientul în fața dumneavoastră) este următoarea: „Care este zona corporală asupra căreia Reiki va avea un efect maxim în momentul prezent?” Lăsați apoi pendulul să vă ghideze. El vă va indica direcția și se va opri deasupra zonei respective, unde va face o „afirmație pozitivă”. Mai întâi de toate, trebuie să stabiliți însă care sunt mișcările pendulului ce corespund acestei afirmații.

Puteți răspunde la întrebările de mai sus și fără ajutorul tabelelor de măsurători energetice, făcând pur și simplu o estimare mentală. Verificați mai întâi cu ajutorul pendulului fiecare *chakra,* fiecare organ și meridian. Direcționați apoi energia către acele *chakra*-e, organe și meridiane în cazul cărora pendulul a răspuns afirmativ.

La fel ca în cazul tuturor „sistemelor de diagnosticare” prezentate în cartea de față, măsurătorile cu ajutorul pendulului nu sunt importante decât în măsura în care considerați că lucrând asupra unui anumit pacient puteți întâmpina dificultăți sau dacă doriți să cunoașteți exact zonele care necesită cel mai mare aport de energie Reiki. Toate metodele descrise aici au fost testate în practică și și-au dovedit eficiența. De asemenea, nu uitați că un practicant de Reiki nu este altceva decât un simplu „canal”, efectele tratamentului său fiind stabilite în ultimă instanță de către Dumnezeu. Pe de altă parte, acest lucru nu trebuie să justifice în niciun caz lipsa dumneavoastră de competență.

Dacă doriți să aflați informații suplimentare referitoare la unul sau altul din aspectele care vă interesează (în vederea unui tratament Reiki prelungit), puteți apela la unul din sistemele tradiționale de tip oracol. Astfel, Tarotul (un set de cărți de ghicit care au la bază învățăturile cabalistice), runele (un străvechi sistem german de simboluri care reprezintă structurile de bază ale energiei universale) sau I Ching-ul (un oracol chinezesc vechi de mai bine de 4.000 de ani, cu o precizie aproape matematică) vă pot oferi informații neprețuite în această direcție. Înainte de a le pune însă întrebări, este necesar să fiți familiarizat cu ele, căci erorile de judecată pot avea consecințe dezastruoase în cazul de față.

Personal, prefer să lucrez cu I Ching-ul, scop în care mi-am creat un sistem propriu, pentru a stabili astfel starea corpului subtil şi a celui fizic al pacienților. Am inclus în acest sistem analiza *chakra*-elor, a meridianelor şi a organelor. I Ching-ul este foarte util şi pentru conştientizarea proceselor interioare de transformare. Din păcate, prezentarea acestui sistem ar necesita o carte în sine, aşa că nu o pot face în lucrarea de față. Predau însă aplicațiile practice legate de acest sistem la seminariile mele.

Rezumat

Diferite metode pentru stabilirea dezechilibrelor din interiorul sistemului energetic subtil

Principalele zone asupra cărora trebuie focalizată energia Reiki şi cele care trebuie evitate pot fi stabilite prin intermediul:

- Măsurătorilor cu ajutorul pendulului (folosind tabele sau pur şi simplu prin măsurători directe şi evaluări mentale)
- Folosirea I Ching-ului sau a altor sisteme de tip oracol cu care sunteți familiarizat

Blocajele pot fi determinate cu ajutorul:

- Senzațiilor receptate prin palme
- Lucrului cu oracole
- Cunoaşterii conexiunilor bioenergetice

Cauzele ascunse ale bolilor pot fi stabilite prin:

- Lucrul cu oracole
- Consiliere terapeutică (cu condiția să aveți o pregătire de specialitate în această direcție)

Şi o ultimă menţiune: metodele prezentate în acest capitol nu trebuie folosite obligatoriu în toate cazurile. Ele sunt recomandate îndeosebi în cazurile foarte dificile. Pe de altă parte, cu cât le veţi folosi mai frecvent, cu atât mai ascuţită va deveni intuiţia dumneavoastră şi cu atât mai rare vor fi greşelile făcute. Luaţi-vă de fiecare dată în serios responsabilitatea şi ori de câte ori aveţi îndoieli, repetaţi metoda de clarificare a lor.

Capitolul opt

LUCRUL CU *CHAKRA*-ELE ÎN PRACTICA REIKI

Chakra-ele sunt centri subtili de forță care există în interiorul corpului energetic al omului. Termenul de *chakra* este de origine sanscrită (indiană) şi înseamnă – printre altele – „cerc" sau „roată". *Chakra*-ele sunt cunoscute în medicina tradițională asiatică de mii de ani, fiind folosite pentru diagnosticarea şi tratarea bolilor pe nivelul fizic, emoțional şi mental. Funcțiile lor sunt foarte variate. Pe de o parte, reprezintă contrapărțile subtile ale organelor fizice (sau grupurilor de organe) asociate cu ele. Pe de altă parte, guvernează evoluția noastră pe diferite planuri de existență, reflectând astfel nivelul nostru de conştiință. Sistemul *chakra*-elor este împărțit în *chakra*-e majore şi minore. La rândul lor, acestea sunt conectate între ele prin meridiane şi zone reflexe, binecunoscute în acupunctură. Există şi planuri superioare guvernate de aceste *chakra*-e, dar singurele descrieri ale acestora sunt oferite de misticismul indian şi polinezian. După părerea mea, practica Reiki nu poate face abstracție de sistemul *chakra*-elor, căci există probleme care nu pot fi eliminate decât prin lucrul cu acestea din urmă. *Chakra*-ele au o funcție importantă, fiind o punte de legătură între planurile subtile şi cele grosiere, materiale. Spre exemplu, dacă eliminăm un blocaj la nivel *karma*-ic, dar *chakra* corespondentă nu funcționează corect, energia eliberată nu va putea fi integrată pe nivelul fizic. Acest gen de disfuncții se întâlnesc destul de frecvent în tratamentele subtile. Câți oameni nu se plâng: „Am făcut atât de mult pentru evoluția mea spirituală, dar continui să sufăr de cutare boală, care pur şi simplu nu vrea să se vindece".

Pe de altă parte, „repararea" unei *chakra* nu este întotdeauna suficientă pentru vindecarea şi îmbunătățirea circumstanțelor vieții. Acest gen de tratament rămâne superficial în măsura în care complexele de pe nivelele *karma*-ice profunde nu au fost eliminate.

Vă prezint în continuare o ierarhie pe cinci nivele care reprezintă modelul energetic cu care lucrăm în Reiki:

Polul material

▽ ▽

Zona I: Organe (spre exemplu: ficatul), nervi (spre exemplu: trigeminus)

Zona II: Meridiane (spre exemplu: meridianul rinichilor)

Zona III: *Chakra*-e minore (spre exemplu: centrii energetici de la nivelul palmelor) şi *chakra*-e majore (spre exemplu: plexul solar)

Zona IV: Nivelul *karma*-ic individual (spre exemplu: complexele de vinovăţie individuale şi structurile psihice derivate din încarnările anterioare)

Zona V: Nivelul *karma*-ic social (spre exemplu: complexele de vinovăţie şi structurile psihice care corespund conştiinţei de grup – vinovăţii colective)

△ △

Polul ideatic

Această ierarhie este extrem de utilă pentru diagnosticarea şi tratarea bolilor fizice. Folosind pendulul, oracolele sau anumite întrebări puse pacientului, puteţi stabili nivelul energetic în care îşi are rădăcinile blocajul descoperit în timpul tratamentului, acţionând apoi asupra lui prin Reiki. Veţi economisi astfel foarte mult timp. Cu cât o boală este mai organică şi mai acută, cu atât mai rapid poate fi vindecată ea prin Reiki. În schimb, blocajele la nivel *karma*-ic (individual sau de grup) nu pot fi eliminate decât prin tratamente integrale ale corpului regulate şi prelungite, asociate cu alte măsuri terapeutice suplimentare. Reiki afectează toate blocajele, pe toate nivelele, dar este necesar ca energia sa să ajungă pe nivelele IV şi V, pentru a debloca energiile „înțepenite" acolo, care trebuie apoi integrate prin conştientizare. Reiki asigură stimulul necesar, trezeşte curiozitatea şi conferă putere, dar nu poate înlocui responsabilitatea care îi revine individului de a experimenta personal forțele care îi influențează viața.

Iată în continuare câteva sugestii referitoare la modul în care poate fi utilizat Reiki pentru armonizarea dezechilibrelor pe diferite nivele:

Zona I: aplicații locale cu energia Reiki, canalizând-o către organele afectate şi zonele lor reflexe.

Zona II: folosiți energia Reiki de-a lungul meridianelor şi asupra organelor principale.

Zona III: echilibrarea *chakra*-elor; focalizarea energiei Reiki asupra *chakra*-elor majore şi minore.

Zona IV: tratamentul integral al corpului; tratament mental prin Reiki de gradul doi; lucru suplimentar cu *chakra*-ele majore.

Zona V: tratamentul integral al corpului, tratament mental prin Reiki de gradul doi, lucru suplimentar cu *chakra*-ele majore.

Scopul acestor exemple nu este acela de a oferi linii directoare care trebuie urmate cu orice preț, ci mai degrabă de a vă stimula creativitatea. Dacă preferați să folosiți alte metode, aveți deplina libertate să o faceți. Deşi este extrem de eficient, Reiki nu este un panaceu universal care elimină orice boală, în orice situație.

Exemple practice de boli care se manifestă pe diferite planuri

„Accidentul tipic din bucătărie": degetul tăiat atunci când cureți legume, nu necesită un tratament Reiki pe primele trei *chakra*-e. Acest gen de tratament nu este necesar decât în cazul unor accidente majore de acest fel. În cazul de față, este suficient să vă așezați mâna la o oarecare distanță de rană pentru a opri astfel hemoragia minoră și pentru a preveni complicațiile ulterioare. Dacă dezechilibrul este ceva mai profund, afectând inclusiv sistemul nervos, acesta trebuie tratat de asemenea cu energie Reiki, după oprirea sângerării. De pildă, dacă v-ați tăiat la deget din cauza unei stări de nervozitate și neatenție, este recomandabil să echilibrați cele două emisfere cerebrale și să armonizați plexul solar cu energie Reiki, eliminând astfel cauza care a dus la provocarea accidentului.

Dacă cineva are o predispoziție pentru astfel de răni minore (cum ar fi tăiatul la deget), fără a avea totuși probleme organice, se impune deja lucrul asupra *chakra*-elor. De pildă, dacă este predispus la accidente, există în mod evident un dezechilibru la nivelul primei *chakra*. Inconștient, el acceptă ca persoana sa să fie accidentată. „Instinctul de a trăi” nu este suficient de puternic în cazul lui pentru a preveni producerea constantă a acestor accidente. În acest caz, regiunea pelviană trebuie tratată prin Reiki. În plus, terapeutul trebuie să încerce să descopere cauza acestei tendințe, discutând cu pacientul său, pentru a facilita astfel dizolvarea blocajului.

Dacă la baza tendinței către auto-accidentare stă un sentiment de vinovăție, tratamentul trebuie să includă și zonele *karma*-ice. În acest scop, se recomandă tratamentul integral al corpului și tratamentul mental specific Reiki-ului de gradul doi.

Tratamentul Reiki poate fi făcut și fără o astfel de analiză a problemei, dar rezultatele se vor lăsa așteptate ceva mai mult timp. Anumite procese pot fi întârziate, căci fără o analiză clară, terapeutul nu poate orienta corect energia pe care o transferă (mai devreme sau mai târziu, aceasta își va găsi singură calea către zona în care este solicitată, dar procesul va dura ceva mai mult). Discuția prealabilă cu pacientul are meritul de a-i trezi acestuia curiozitatea, făcându-l mai receptiv (la nivel subconștient) față de Reiki.

Interconexiunile descrise în acest capitol vă pot ajuta să descoperiți cauzele dezechilibrelor fizice, situate pe nivelele subtile ale corpului energetic al pacientului. Dacă doriți să aflați informații suplimentare, vă recomand să participați la un curs despre *chakra*-e, la seminarii de anatomie şi acupunctură/acupresură, precum şi să citiți cărți din literatura de specialitate.

Există foarte multe cărți despre *chakra*-e care merită să fie citite. Din păcate, această bogăție de informații îi poate induce în eroare pe cititorii neavizați. Nu întotdeauna este uşor să-ți găseşti calea în hățişul de opinii, clasificări şi sisteme diferite care există pe piață. Yoga hindusă clasică vorbeşte de şase centri energetici, cea tibetană descrie uneori cinci, alteori şase centri, iar cea taoistă şapte. Maeştrii contemporani vorbesc chiar de nouă centri principali, pornind de la premisa că cifra 9 corespunde celor nouă planete. Cele mai avansate sisteme moderne au ajuns până la doisprezece centri principali.

Neînțelegerile nu se limitează numai la numărul *chakra*-elor. Unele sisteme fac o diferență între *chakra* rădăcinii şi cea sexuală, în timp ce altele consideră că este vorba de aceeaşi *chakra*.

Chakra sexuală mai este numită şi *chakra* splinei, întrucât este localizată în regiunea acestui organ. Unii maeştri afirmă că cea de-a treia *chakra* este situată sub ombilic, în timp ce alții o plasează la nivelul plexului solar. Această listă poate continua la infinit, dar cred că am reuşit să demonstrez cât de departe pot ajunge diferențele între diferitele sisteme ale *chakra*-elor. Când am început să studiez personal procesele subtile din interiorul corpului meu, mă aflam într-o stare de confuzie comparabilă probabil cu cea pe care o simțiți dumneavoastră acum.

Cum putem ieşi din această dilemă? Foarte simplu: considerând că toate sistemele sunt corecte.

V-am amețit şi mai tare? Să mă explic: vă mai amintiți poate de diagrama ierarhiei sistemului energetic al omului. Aceasta se extinde de la planul material către cel ideatic.

„Material" înseamnă alcătuit din materie, tangibil, definibil, măsurabil, inert, comprehensibil din punct de vedere analitic, perceptibil din punct de vedere obiectiv. Acesta este polul formei *(yin)*.

„Ideatic" înseamnă energetic, intangibil, nedefinibil, subtil, comprehensibil numai dintr-o perspectivă sinergică, care transcende timpul, perceptibil la nivel subiectiv, fără formă *(yang)*.

Nu poate exista nicio îndoială că *chakra*-ele există. Existența lor poate fi demonstrată indirect, cu ajutorul electronicii de înaltă tehnologie, şi direct, prin clarviziune. Orice om poate învăța să lucreze corect cu *chakra*-ele. Din cauza diferențelor care există între indivizi, rezultatele obținute de ei vor fi însă diferite (aşa cum se întâmplă, de altfel, cu toți experții, indiferent de domeniul de activitate). Aşa se explică divergențele referitoare la localizarea şi funcțiile *chakra*-elor.

Acest lucru devine şi mai uşor de înțeles dacă ținem seama că din punct de vedere calitativ, *chakra*-ele aparțin „polului ideatic" al existenței, care este lipsit de formă prin însăşi natura lui.

Altfel spus, localizarea şi funcțiile acestor centri energetici depind în esență de punctul subiectiv de vedere al observatorului, ei neputând fi definiți integral de aspectele „materiale" ale existenței lor.

Aspectele culturale, ideile general acceptate, rasa, *karma* individuală, prioritățile de dezvoltare ale individului şi ale grupului său social, cu toate tradițiile sale – toate acestea definesc maniera în care îşi priveşte omul ființa sa mentală şi spirituală, inclusiv diferitele funcții ale acesteia. De aceea, este inevitabil ca sistemul *chakra*-lor să difere la indieni de cel al eschimoşilor, evreilor, chinezilor sau creştinilor. Asta nu înseamnă că el nu funcționează la fel de eficient, indiferent de mediul social în care este aplicat. Orice cultură are propriile sale practici mistice menite să ajute individul să îşi descopere calea către esența sa şi către integrarea în mediul în care trăieşte.

Dacă eşti ferm convins că ai nouă (sau şapte, sau trei) *chakra*-e şi dacă poți lucra cu acestea, este cert că vei obține rezultatele dorite. Există totuşi şi nişte limite peste care nu se poate trece. Nimeni nu îşi poate defini arbitrar propriile *chakra*-e, căci acestea sunt pre-programate şi fac parte integrantă din planul vieții fiecăruia dintre noi. De pildă, dacă îți creezi un sistem alcătuit din şaizecişipatru de *chakra*-e, este puțin probabil că vei obține un mare succes în actuala viață. Există condiții din lumea interioară și din cea exterioară a fiecărui om care sunt deja prestabilite de totalitatea conexiunilor sociale și tradiționale ale mediului în care acesta s-a născut și a trăit.

Cum putem folosi în acest caz cunoașterea relativă referitoare la *chakra*-e?

Mai întâi, acceptarea acestei relativități vă va scuti de numeroase dispute privind corectitudinea unui sistem sau altul. Este inutil să vă implicați în discuțiile prea aprinse referitoare la opiniile diferiților autori sau la dovezile istorice și științifice care confirmă sistemele lor de convingeri. Tot ce aveți de făcut este să ascultați vocea interioară, stabilind care este sistemul care vi se potrivește cel mai bine. Puteți trece apoi la munca practică.

La fel ca întotdeauna, cel mai bine este să evoluați pas cu pas. Mai întâi de toate, stabiliți care este sistemul teoretic care vi se pare cel mai realist. Studiați apoi acest sistem, stabilind astfel cadrul conceptual în care veți opera, respectiv *chakra*-ele pe care le veți include în practica dumneavoastră. Puteți începe apoi practica propriu-zisă, acumulând astfel cunoaștere și experiențe directe. După ce ați practicat o vreme cu propriul sistem energetic, puteți verifica mai ușor dacă acesta corespunde realității dumneavoastră interioare sau dacă v-ați amăgit singur. Uneori ne place să lucrăm cu un anumit sistem care nu corespunde realității noastre subiective. Yoga taoistă sau practicile Chi Kung se dovedesc foarte utile în asemenea cazuri pentru a dobândi o mai mare claritate.

Este foarte important să vă familiarizați cu un sistem conceptual coerent și integrat. În acest fel, nu veți mai fi nevoit să „reinventați roata". Veți beneficia din start de o privire de ansamblu asupra posibilităților și interconexiunilor care vă pot ajuta cel mai bine să lucrați cu sistemul ales.

Aceasta este perspectiva din care doresc să vă prezint propriul meu sistem. Nu este nici mai bun, nici mai rău decât altele, dar pentru lucrarea de față prezintă avantajul că este susținut de experiența mea personală. Îl cunosc extrem de bine și vă pot oferi numeroase sfaturi practice legate de el.

În plus, ţinând cont de faptul că majoritatea realităţilor subtile se prezintă într-o manieră similară în cazul oamenilor cu o tradiţie comună, este de aşteptat să puteţi lucra foarte uşor cu sistemul meu. În caz contrar, ascultaţi sfaturile de mai sus şi încercaţi să descoperiţi sistemul care vi se potriveşte cel mai bine. De altfel, cine înţelege un singur sistem de *chakra*-e nu va avea dificultăţi prea mari în a le înţelege inclusiv pe celelalte.

Înainte de a intra în detalii, vă rog să completaţi chestionarul care urmează. Pentru fiecare termen din partea stângă a chestionarului notaţi în partea dreaptă (fără să staţi prea mult pe gânduri) primele trei cuvinte care vă trec prin minte. Această metodă asociativă vă va permite o primă familiarizare practică cu funcţiile *chakra*-elor şi cu atitudinea dumneavoastră faţă de ele. Înainte de a lucra cu *chakra*-ele prin Reiki sau prin alte metode, este esenţial să descoperiţi care din *chakra*-ele dumneavoastră sunt armonioase şi care sunt blocate. Altfel spus, care sunt aspectele din fiinţa dumneavoastră pe care le acceptaţi cu uşurinţă, plini de iubire, şi care sunt cele pe care le respingeţi. Vă veţi recunoaşte astfel mai uşor limitele personale şi le veţi accepta cu atât mai uşor pe cele ale pacienţilor dumneavoastră. Nu poţi rezolva cu succes dificultăţile care apar pe parcursul transferului de energie Reiki dacă nu îţi cunoşti propriile probleme. Numai în acest fel îţi poţi cultiva discernământul necesar pentru a stabili ce decizii trebuie să iei, în ce fel îţi poţi sprijini eficient pacientul, şi respectiv ce măsuri sau zone trebuie să eviţi (întrucât nu le poţi controla nici măcar în propria ta fiinţă).

Chakra-grama lumii telurice

Chakra rădăcinii

Viață:

Moarte:

Luptă:

Muncă:

Copii:

Posesiune:

Pământ:

Rasă:

Chakra sexuală

Atingere:

Apropiere:

Femeie:

Bărbat:

Plăcere:

Conştiință:

Apă:

Mamă:

Chakra-grama lumii umane

Chakra plexului solar

Putere:

Personalitate:

Ego:

Posesiune:

Teamă:

Invidie:

Frumusețe:

Tată:

Mândrie:

Chakra inimii

Iubire:

Trăieşte şi lasă-i pe ceilalți să trăiască aşa cum vor:

Lumină:

Vindecare:

Viață:

Uniune:

Întuneric:

Familie:

Deschidere:

Chakra-grama lumii celeste

Chakra gâtului

Discuție:

Cântec:

Voce:

Expresivitate:

Rezonanță:

Atitudine:

Adevăr:

Public:

Spectator:

Actor:

Audiență:

Chakra din mijlocul frunții

Intuiție:

Țel:

Credință:

Intelect:

Cunoaștere:

Analiză:

Sinteză:

Încredere:

Natură:

Termenii incluşi în acest chestionar descriu aspecte ale existenţei strâns legate de *chakra*-e, iar asociaţiile pe care vi le-au trezit în minte reflectă atitudinea dumneavoastră actuală faţă de experienţele posibile în aceste lumi. Ele nu asigură însă o imagine completă, lucru care nu trebuie uitat. Mai întâi de toate, trebuie să stabiliţi dacă termenul respectiv are o conotaţie „pozitivă" sau „negativă" pentru dumneavoastră. În continuare, adăugaţi un „+" pentru fiecare cuvânt corespondent care v-a trecut prin minte în asociere cu termenul respectiv, care vi se pare că are o semnificaţie pozitivă, şi un „-„ pentru fiecare cuvânt corespondent care vi se pare că are o conotaţie negativă. În cazul de faţă nu putem avea de-a face cu semnificaţii neutre. De regulă, aceste semnificaţii nu fac decât să ascundă atitudinea dumneavoastră reală, arătând faptul că vă temeţi să nu descoperiţi ceva nedorit în propria dumneavoastră atitudine. În final, adunaţi plusurile şi minusurile pentru fiecare *chakra*-gramă.

Acest exerciţiu simplu de auto-evaluare demonstrează în ce măsură sunteţi dispus să vă acceptaţi pe sine în diferitele domenii existenţiale care corespund *chakra*-lor. Fiecare plus semnifică: „acceptat în clipa de faţă", în timp ce fiecare minus poate fi tradus prin: „respins în clipa de faţă". Dacă nu aţi acumulat decât plusuri, acest lucru arată fie că vă minţiţi singur, fie că sunteţi într-adevăr dispus să vă deschideţi complet în faţa realităţii în domeniul respectiv. Altfel spus, în zonele marcate cu semnul plus nu putem vorbi de blocaje (sau, cel puţin de blocaje majore), ori de obstacole în calea realizării de sine.

După ce aţi practicat de mai multe ori acest exerciţiu, vreme de câteva săptămâni la rând şi într-o manieră cât mai onestă, timp în care aţi acumulat cât mai multă energie Reiki prin auto-tratament, veţi începe să observaţi schimbări semnificative în asociaţiile pe care le faceţi. Asta înseamnă că sunteţi deja pregătit să lucraţi cu *chakra*-ele în cadrul practicii Reiki!

Folosind aceeaşi metodă, puteţi observa nivelul de conştiinţă şi condiţiile de dezvoltare ale pacienţilor dumneavoastră. În cazul lor nu se recomandă să folosiţi însă metoda chestionarului, căci majoritatea oamenilor resping ideea de a fi examinați. Ținând cont de aceste temeri, este preferabil să observați accentul și valoarea atribuită diferiților termeni care descriu domeniile guvernate de *chakra*-e în decursul conversațiilor pe care le aveți cu pacienții dumneavoastră. Nu uitați însă că filtrul prin care percepeți realitatea lor este subiectiv și respectați întotdeauna opțiunile lor; amintiți-vă în permanență că pacienții sunt partenerii dumneavoastră în cadrul procesului de vindecare prin Reiki. În caz contrar, așa-zisa dumneavoastră „luciditate" va degenera în prejudecată, iar deschiderea bazată pe încredere care trebuie să caracterizeze relația terapeutică se va transforma într-un joc al puterii, de genul: „Cine este mai conștient dintre noi și cine a avansat mai mult pe cale?"

Trezirea *chakra*-elor

Dacă vă puteți accepta *chakra*-ele în toate domeniile de activitate și dacă experimentați cu plăcere energiile lor, vă puteți considera foarte aproape de iluminare, și implicit într-un contact foarte strâns cu Spiritul Universal, care ia toate lucrurile așa cum sunt, integrând totul în sine, plin de iubire, nu în sensul uman limitat, ci într-o manieră necondiționată.

Termeni de genul „Dumnezeu", „iluminare", „energie christică" descriu în realitate acceptarea necondiționată a lumii. De pildă, Iisus l-a acceptat pe Petru ca discipol și prieten al său, deși acesta l-a trădat de trei ori în momentul marii încercări.

Cum poate fi tradusă însă această acceptare din perspectiva *chakra*-elor și a terapiei Reiki?

Celebra sintagmă „trezirea *chakra*-elor" se referă la acceptarea necondiționată și plină de iubire a tuturor domeniilor pe care le guvernează acestea. Această deschidere a *chakra*-elor este premisa necesară pentru integrarea armonioasă a energiei *kundalini* trezite în sistemul energetic subtil al individului.

Dacă *chakra*-ele nu sunt deschise deloc sau sunt doar parțial deschise, trezirea bruscă a lui *kundalini* poate provoca o veritabilă catastrofă pentru individul în cauză. Ar fi ca şi cum ai încerca să forţezi trecerea apei dintr-un hidrant printr-o stropitoare de grădină. Ce credeţi că s-ar întâmpla în acest caz cu stropitoarea?

Chakra-ele se pot deschide armonios cu ajutorul energiei Reiki, pregătind astfel sistemul subtil pentru trezirea energiei *kundalini* într-o manieră constructivă. Înainte de purificarea şi deschiderea lor, *chakra*-ele dezechilibrate trebuie însă reparate şi reconectate la sistemul energetic subtil.

În timpul acestui proces, sentimentele de vinovăţie şi fixaţiile (ideile preconcepute, stereotipurile referitoare la felul în care ar trebui să arate lumea) vor ieşi inevitabil la suprafaţa conştiinţei. Disoluţia lor reprezintă o premisă indispensabilă pentru deschiderea *chakra*-elor, căci o mare parte din energia necesară pentru trezirea şi funcţionarea corectă a acestora este „îngheţată" în aceste complexe de inferioritate.

În mare parte, acest proces se poate derula simplu, prin simpla acumulare de energie Reiki, fără cunoaşterea propriu-zisă a *chakra*-elor. Pe de altă parte, dacă sunteţi conştient de obstacolele care vă pot ieşi în cale, procesul de vindecare va putea fi accelerat.

După cum ştiţi deja, energia Reiki este absorbită de individul care beneficiază de pe urma tratamentului dumneavoastră. Dacă în sistemul său subtil există însă blocaje inconştiente, la început nu se va întâmpla mare lucru... În măsura în care pacientul doreşte sincer să accelereze procesul de vindecare, contribuind la dizolvarea blocajelor, puteţi crea condiţiile necesare prin transferul energiei Reiki, dar şi prin alte metode prezentate în această carte. Puţine blocaje sunt atât de profunde încât să poată împiedica definitiv trezirea curiozităţii şi a poftei de viaţă la nivelul subconştientului. Dacă reuşiţi să declanşaţi acest proces, energia Reiki va curge liber, stimulând rapid procesele de auto-vindecare ale corpului, pe toate nivelele.

Dacă o fiinţă umană doreşte să avanseze către o cunoaştere de sine mai înaltă şi către o mai mare capacitate de a iubi, ea poate alege absolut orice metodă capabilă să o ajute să atingă această libertate interioară, cu condiţia să nu îi rănească pe cei din jur. Sunt perfect conştient de implicaţiile acestei afirmaţii, dar cel mai bun exemplu al modului în care operează acest principiu este însăşi natura.

Să revenim acum la funcţiile fiecărei *chakra:* în cadrul sistemului meu, *chakra* rădăcinii este localizată la baza coloanei vertebrale, iar cea sexuală este situată chiar deasupra osului pubian *(mons veneris).* Vom analiza împreună cei doi centri de forţă, căci acţiunea lor este complementară, guvernând lumea „telurică" (polul pământului).

Această clasificare necesită o scurtă explicaţie. Personal, lucrez cu şase *chakra*-e principale (la care se adaugă o a şaptea) şi cu zece *chakra*-e minore, de mare importanţă însă în Reiki. Termenii pe care îi folosesc pentru a desemna cele şase *chakra*-e principale sunt:

Prima *chakra*	=	*chakra* rădăcinii
A doua *chakra*	=	*chakra* sexuală
A treia *chakra*	=	*chakra* personalităţii
A patra *chakra*	=	*chakra* inimii
A cincea *chakra*	=	*chakra* expresivităţii
A şasea *chakra*	=	*chakra* cunoaşterii

Cele zece chakra-e minore sunt localizate după cum urmează:

- Două *chakra*-e minore sunt situate la nivelul palmelor (câte una pentru fiecare palmă). Ele controlează contactul cu mediul exterior şi transferul energiei vieţii. La nivel energetic, sunt asociate cu rinichii, şi respectiv cu a doua, a treia şi a patra *chakra* principală.

- Două *chakra*-e minore sunt situate la nivelul tălpilor. Ele controlează contactul cu pământul, receptarea energiei telurice şi eliminarea toxinelor energetice. La nivel energetic, sunt asociate cu ficatul şi vezica biliară, cu prima şi a treia *chakra,* şi cu aura.

- Două *chakra*-e minore sunt situate chiar sub umeri. Controlează ideea de responsabilitate. La nivel energetic, sunt asociate cu a treia şi a cincea *chakra.*

- Două *chakra*-e minore sunt situate la nivelul încheieturii genunchilor. Controlează capacitatea de a preda şi de a învăţa, flexibilitatea, facultatea de a crea potenţiale energetice care permit procesul de predare şi de învăţare, precum şi orgoliul şi complexele de inferioritate. La nivel energetic, sunt asociate cu a cincea şi a şasea *chakra*.

- Două *chakra*-e minore sunt situate la nivelul încheieturii coatelor. Controlează capacitatea de a dărui şi de a accepta, şi puterea afirmării de sine. La nivel energetic, sunt asociate cu plămânii, pancreasul şi cu a doua şi a treia *chakra*.

Nu ne vom ocupa în această carte de cea de-a şaptea *chakra*, cunoscută şi sub numele de *chakra* coronară (din creştetul capului). Pe de o parte, experienţa m-a învăţat că ea se trezeşte prin purificarea primelor şase *chakra*-e principale, iar pe de altă parte, procesele care se desfăşoară la nivelul ei nu pot fi descrise corect prin cuvinte sau imagini. În esenţă, această *chakra* nu poate fi înţeleasă decât prin experienţa directă.

Personal, împart cele şase *chakra*-e enumerate mai sus în trei grupe, care corespund nivelului „teluric", „uman" şi „celest". Fiecare grupă include două *chakra*-e, una reflectând pe nivelul ei aspectul *yang* (cel ideatic) al puterii, iar cealaltă aspectul *yin* sau capacitatea de relaţionare (experienţa).

Prima grupă se referă la planul „teluric" al existenţei. Aspectul *yang* (de putere) al acestui plan este guvernat de centrul rădăcinii, iar cel *yin* (de relaţionare) de centrul sexual. Această grupă controlează existenţa noastră terestră, ca fiinţe întrupate în planul material. Este alcătuită din primele două *chakra*-e.

A doua grupă se referă la planul „uman" al existenţei. Aspectul *yang* al acestui plan este guvernat de *chakra* plexului solar, iar cel *yin* de *chakra* inimii. A doua grupă controlează existenţa noastră umană. Ea este alcătuită din *chakra*-ele 3 şi 4.

A treia grupă se referă la planul „celest" al existenței. Aspectul *yang* al acestui plan este guvernat de *chakra* gâtului, iar cel *yin* de *chakra* cunoașterii (din mijlocul frunții). A treia grupă controlează existența noastră divină (capacitatea de a ne dezvolta liber și de a interacționa cu universul). Ea este alcătuită din *chakra*-ele 5 și 6.

Corelația *chakra*-elor cu cele trei lumi existențiale nu este deloc întâmplătoare sau teoretică. Acest concept s-a dovedit un instrument foarte util în practică, prezentând conținutul și funcțiile *chakra*-elor într-o manieră concisă și precisă. Permite stabilirea rapidă și corectă a cauzelor care stau la baza diferitelor blocaje. Pentru aceasta, trebuie să observați cu atenție în ce planuri existențiale acționează plenar pacientul dumneavoastră și în ce domenii are el tendința să acționeze rigid și inflexibil. Pentru cei care doresc să folosească pietre semiprețioase, menționez în treacăt trei dintre acestea care corespund celor trei planuri existențiale: cristalul de stâncă pentru planul teluric, cuarțul roz pentru cel uman și ametistul pentru cel divin sau celest. Veți afla informații suplimentare despre aceste cristale în capitolul 12.

Personal, am preluat cea mai mare parte a cunoașterii referitoare la planurile existențiale din I Ching, pe care îl consider cel mai bun manual care tratează tema *chakra*-elor și a sistemului energetic subtil. Folosirea I Ching-ului pentru scopul pe care ni l-am propus presupune însă o anumită experiență și cunoașterea anumitor chei. Fără acestea, mesajele sale nu pot fi descifrate. De altfel, intenționez să scriu chiar o carte pe această temă.

Chakra-ele care corespund nivelului existențial teluric

Chakra rădăcinii

Principalul aspect care se manifestă la nivelul acestui centru este instinctul de conservare. *Chakra* rădăcinii reprezintă sursa de putere a luptei pentru supraviețuire şi guvernează prezervarea speciei prin intermediul sexualității. Nicio ființă vie nu s-ar putea dezvolta armonios fără funcționarea corectă a acestei *chakra*. Ceilalți centri energetici nu îşi pot asuma în niciun caz funcțiile acestei *chakra*. Ea asigură forța necesară celorlalți centri pentru a stabili contactul cu mediul şi pentru utilizarea armonioasă a acestei forțe în scopul creşterii personale. Fără o sursă de putere nimic nu poate funcționa.

Acelaşi lucru este valabil şi în ceea ce priveşte voința de a supraviețui, specifică acestui centru. De aceea, orice aplicație Reiki trebuie să înceapă prin a stabili dacă acest centru funcționează corect.

Blocajele la nivelul *chakra*-ei rădăcinii conduc de regulă la simptome şi atitudini mentale de genul pacifismului extrem („Nu sunt de acord cu uciderea niciunei ființe!"), a fricii existențiale („Niciun om cu capul pe umeri nu va face copii, căci nu merită să aduci un suflet nou în această lume ticăloşită"), a agresivității excesive („Împuşcați-i pe negri!"), a fricii de moarte („Nu sunt dispus să îmi asum nici cel mai mic risc!"), generează probleme legate de ordine şi de gestionarea timpului („Nu înțeleg de ce întârzii întotdeauna"), nerăbdare („De ce nu trage pe dreapta individul pe care vreau să-l depăşesc?") sau dependență („Nu pot trăi fără el/ea").

Blocajele la acest nivel conduc de asemenea la anumite simptome fizice asociate cu durerile de oase, dinți şi la coloana vertebrală, boli ale sistemului genital şi ale zonei cuprinse între intestinul gros şi anus.

Maxima care ilustrează cel mai bine dezechilibrele la nivelul *chakra*-ei rădăcinii sună astfel: „Nu trăieşte cu picioarele pe pământ".

Fig. 30: Cele şapte chakra-e majore

Chakra sexuală

Centrul sexual guvernează capacitatea noastră de a intra în contact cu lumea exterioară. Conform legii hermeneutice, care afirmă că „ceea ce există în interior există şi în exterior", el controlează inclusiv capacitatea noastră de auto-percepţie. Fără această facultate perceptivă nu ar exista eros, senzualitate, experienţe amoroase satisfăcătoare, dar nici bucuria de a trăi. Coordonarea expresiilor şi limbajului corporal (a capacităţii de a-ţi percepe propriul corp), a bucuriei de a experimenta, a plăcerii senzuale de orice fel (inclusiv culturale şi artistice) – nu pot fi experimentate în toată plenitudinea lor fără o deblocare şi trezire armonioasă a acestei *chakra*.

Blocajele la nivelul *chakra*-ei sexuale conduc de regulă la simptome mentale de genul fricii de apropierea fizică („Nu mă atinge") şi al dezgustului faţă de propriul corp („Sexul este un act animalic; omul ar trebui să se ridice deasupra lui"). Acest dezgust poate lua forme specifice, cum ar fi spălatul obsesiv, mania curăţeniei, incapacitatea de a înţelege („Pur şi simplu, nu înţeleg"), centrarea excesivă a minţii în polul raţiunii („La ce folosesc emoţiile? Doar nu mă ajută să câştig nimic concret"), accentul exagerat pe emoţiile de moment („La ce bun să mă gândesc tot timpul? Mai bine acţionez cum îmi vine"), tulburări legate de ritm („Nu-mi place să dansez", „Am tot timpul tulburări menstruale", „Prefer să lucrez noaptea"), izolare („Nu sunt atras de ideea de căsătorie sau parteneriat"), frigiditate, impotenţă, lipsa reflexelor organice („Nu am nevoie de sex şi nu îi înţeleg pe cei care sunt obsedaţi de el"), teama de cădere („Nu aş sări niciodată cu diving-board-ul"). Cine nu percepe corect mediul exterior sau îl percepe ca pe o ameninţare nu se va putea proteja corect de acesta şi îi va fi teamă să se integreze în el.

Blocajele la acest nivel conduc de asemenea la anumite simptome fizice asociate cu bolile lichidelor corporale (ale sângelui, limfei, salivei, bilei) sau ale organelor care secretă aceste lichide (rinichi, vezica urinară, glandele limfatice). În multe cazuri apare inclusiv o puternică predispoziţie faţă de infecţii. Următoarea afirmaţie sintetizează foarte bine situaţia unei *chakra* sexuale dezechilibrate: „Nu ştie să se bucure de viaţă".

Dacă cele două *chakra*-e ale nivelului existenţial teluric nu sunt plenar deschise şi armonioase, dacă nu sunt acceptate şi experimentate cu iubire, fără ca individul să le limiteze funcțiile, nici *chakra*-ele superioare nu se vor putea deschide complet, funcționând într-o manieră limitată și restrictivă.

Chakra-ele care corespund nivelului existențial „uman”

Plexul solar sau *chakra* personalității este centrul de putere, în timp ce *chakra* inimii guvernează relațiile pe acest nivel existențial, respectiv intențiile sociale și personale ale oamenilor. Primul pol se referă la eforturile egoului de a se afirma pe sine, de a-și construi o personalitate puternică la nivelul *chakra*-ei plexului solar. Polul opus se referă la capacitatea de a-ți accepta propriul ego, dar și pe cel al altor ființe, la nivelul *chakra*-ei inimii. Voința individualității se manifestă la nivelul plexului solar. Motto-ul ei este: „Vreau, deci exist”. De aceea, disfuncțiile pe acest nivel se manifestă de regulă foarte vehement, prin dorința de a-i domina pe cei din jur, rigiditate dogmatică, teama de dezintegrare („Mă tem să nu-mi pierd individualitatea, să nu mor, dispărând astfel pentru totdeauna”), invidie, lăcomie și posesivitate (dorința de a acumula cât mai mult).

Chakra plexului solar este foarte importantă pe calea către Dumnezeu, căci de aici începe dizolvarea *karma*-ei individuale. Aici se află sediul libertății personale și al sentimentelor de vinovăție; altfel spus, al capacității noastre nelimitate de creștere, dar și al limitelor auto-impuse. Niciun om nu își va accepta și iubi semenii, permițându-le libertatea de care au nevoie pentru a se dezvolta, dacă nu a eliminat din propria sa ființă blocajele de genul temerilor și sentimentelor de vinovăție, precum și dorința de putere personală. De aceea, *chakra* inimii nu se va putea deschide niciodată fără o trezire armonioasă a *chakra*-ei plexului solar.

Chakra plexului solar

Blocajele la nivelul *chakra*-ei plexului solar conduc de regulă la simptome şi atitudini mentale asociate cu dorinţa de putere („soţul *meu*", „soţia *mea*", „copilul *meu*", „banii *mei*"), lăcomia („Viaţa nu merită trăită dacă nu reuşesc să obţin o mărire de salariu, o iubită şi o maşină nouă în fiecare an"), tendinţa excesivă către a cheltui („Am nevoie disperată de haine noi"), anxietatea excesivă provocată de propriul statut („Ce mă voi face dacă voi fi concediat, dacă nu voi lua acest examen? Ce vor zice prietenii mei când vor veni să-mi vadă apartamentul, când acesta este atât de mic?") şi invidia („Uite, vecinul şi-a luat o maşină nouă, şi şi-o mai şi afişează, în loc să şi-o ţină în garaj!").

Blocajele la acest nivel conduc de asemenea la anumite simptome fizice de genul tulburărilor gastrice, duodenitelor, disfuncţiilor pancreatice, bolilor ficatului şi vezicii biliare, al tulburărilor asociate cu secreţia sucurilor gastrice şi cu glandele salivare.

Când centrul plexului solar nu funcţionează la capacitatea sa maximă, individul pare confuz şi nedefinit, atât ca personalitate cât şi din punctul de vedere al comportamentului său.

Funcţionarea excesivă a acestui centru conduce la atitudinea tipică a „dominatorului" şi a „tiranului în familie". Afirmaţia următoare defineşte perfect dezechilibrele la nivelul *chakra*-ei plexului solar: „Este ataşat de lume ca timbrul de scrisoare".

Chakra inimii

Dacă această *chakra* este echilibrată, ea ne permite să acceptăm lumea aşa cum este, inclusiv propria noastră persoană şi persoanele din jur. În timp ce personalitatea se structurează în jurul *chakra*-ei plexului solar, acceptarea acestei structuri auto-create se realizează la nivelul *chakra*-ei inimii. Numai aici ne putem accepta aşa cum suntem, cu bunele şi relele noastre, cu virtuţile şi greşelile pe care le facem, învăţând să ne iubim.

Cea mai bună expresie a acestei sarcini este porunca divină: „Iubeşte-ţi aproapele la fel de mult ca pe tine însuţi". Cine nu se poate accepta pe el însuşi, experimentând tot timpul stări conflictuale pentru că nu se ridică la înălţimea imaginii ideale de sine pe care şi-a construit-o (pentru că nu arată la fel ca Marilyn Monroe sau Clark Gable, pentru că nu cântă la fel de frumos ca Placido Domingo sau Tanita Tikaram etc.), nu-şi va putea întâmpina semenii într-o manieră relaxată şi plină de iubire. Dimpotrivă, îi va acuza tot timpul că l-au dezamăgit o dată în plus, că i-au stricat ziua, că sunt nişte „porci capitalişti" etc. În schimb, cel care reuşeşte să îşi accepte propriile convingeri şi prejudecăţi cu o atitudine relaxată, îşi va accepta cu bucurie propria unicitate, dar şi pe aceea a semenilor săi.

Primul centru pe care operează Reiki este *chakra* inimii. Procesul de vindecare începe întotdeauna prin acceptarea părţii bolnave. Însăşi esenţa procesului de Reiki este considerată a fi iubirea, „acceptarea plină de bucurie".

Blocajele la nivelul centrului inimii conduc de regulă la simptome şi atitudini mentale rigide, de genul impunerii de condiţii iubirii („Dacă nu faci ce spun eu, nu te voi mai iubi!"), iubirii sufocante („Dragul meu copil, eu nu îţi doresc decât binele"), altruismului exagerat („Oamenii se nasc pe pământ cu unica misiune de a se ajuta unii pe alţii. Imaginează-ţi ce ar însemna dacă toată lumea s-a gândi numai la sine!") şi egoismului („Mie îmi este permis, ţie nu!", „Trebuie să răspunzi solicitărilor mele ori de câte ori am nevoie de tine").

Blocajele la acest nivel conduc de asemenea la anumite simptome fizice, precum tulburările cardiace, disfuncţii ale glandei timusului, boli pulmonare, tulburări circulatorii, tensiune, crampe, spasme, cancer şi SIDA.

Dacă *chakra* inimii nu este suficient energizată, oamenii au tendinţa naturală de a fi exagerat de duri cu ei înşişi şi cu cei din jurul lor. Dacă este energizată în exces, ei au tendinţa de a împinge toleranţa până la sacrificiul de sine.

Afirmaţia care sintetizează cel mai bine tulburările la nivelul *chakra*-ei inimii este următoarea: „Eu (tu, el, ea) trebuie...".

Chakra-ele care corespund nivelului existențial „celest"

Chakra gâtului

Ultimele două *chakra*-e corespund planului divin sau celest. Centrul gâtului guvernează exprimarea de sine, postura corporală, limbajul, jocul muşchilor faciali şi gestica. Disfuncțiile la acest nivel pot conduce la demagogie şi tiranie. Cea de-a cincea *chakra* reprezintă „interfața" cu lumea exterioară. Polii săi sunt: „exprimarea personalității la unison cu universul" (muzica elevată, spirituală), iar la extrema opusă: „exprimarea sălbatică, exagerată, a individualității, izolată de restul universului" (muzica heavy metal, demagogia, magia neagră). Cea de-a cincea *chakra* reflectă lumea noastră interioară, inclusiv proiecțiile sale exterioare, care ne asigură un mediu suportabil în planul social şi material. Orice „poziție interioară dezechilibrată" poate fi recunoscută după posturile exterioare şi după forma corpului.

Motto-ul celei de-a cincea *chakra* este: „Afişez ceea ce se află în interiorul meu". Se spune că legendarul erou grec Orfeu putea face chiar şi pietrele să plângă cu harpa sa. Cu siguranță, el avea cea de-a cincea *chakra* foarte bine aspectată şi încărcată cu energie. Hitler este un exemplu la fel de bun, dar în plan negativ. Avea foarte multă energie la nivelul acestei *chakra,* dar puternic dezechilibrată. Cu vocea sa de stentor, el ținea discursuri demagogice şi cadențate, cu care era capabil să hipnotizeze milioane de oameni, ținându-i sub puterea sa.

Dezvoltarea armonioasă a *chakra*-ei gâtului este strâns legată de dinamizarea *chakra*-ei inimii. Atunci când descrie crearea Simarillionului, J.R.R. Tolkien spune: „În cazul în care capacitatea de a iubi este bine dezvoltată şi în care se acceptă pe sine însuşi, omul nu-i sufocă pe cei din jur cu creativitatea sa, ci participă fericit la marele cor al vieții".

Blocajele la nivelul *chakra*-ei gâtului conduc de regulă la simptome fizice de genul răguşelii: „Nu pot să scot două cuvinte fără să răguşesc"). Această răguşeală indică o serie de tensiuni musculare la nivelul gâtului, dar şi teama de a ieşi din propria cochilie. Dacă omul crede că nu se poate exprima corespunzător, el îşi va inhiba capacitatea expresiei de sine. Gâtul uscat sau răguşit poate fi de asemenea un simptom al fricii. Orice s-ar ascunde în spatele acestui simptom, această cauză se manifestă inclusiv prin tensiunile existente în celelalte regiuni ale corpului. Expresia acestor tensiuni este întotdeauna dată de centrul gâtului (ceea ce nu înseamnă că acesta este neapărat cel care le provoacă). Tot ce face el este să structureze expresia blocajelor existente la nivelul celorlalte *chakra*-e. Adeseori, tonalităţile vocii descriu perfect aceste blocaje (în funcţie de cât de ascuţite sau de grave sunt, de flexibilitatea vocii, de forţa şi puterea ei). Îndeosebi tensiunile de la nivelul regiunii pelviene şi al gambelor pot fi influenţate prin intermediul acestei *chakra*. Gâtul rigid (apariţia durerilor atunci când încercăm să întoarcem capul) ar trebui să ne facă să ne întrebăm de ce preferăm să privim drept în faţă, evitând să ne uităm în jurul nostru. Alte simptome tipice ale blocajelor la nivelul *chakra*-ei gâtului se referă la tulburările de creştere şi de dezvoltare, căci acest centru este strâns asociat cu glanda tiroidă, răspunzătoare de procesul creşterii. De altfel, acest proces de creştere nu reprezintă altceva decât o formă a exprimării de sine. De aceea, lucrul asupra centrului gâtului contribuie întotdeauna la o dezvoltare armonioasă din punct de vedere fizic, mental şi spiritual a copiilor.

Există de asemenea o conexiune între acest centru şi cel al plexului solar. La nivelul celui din urmă, polaritatea se referea la tensiunile care apar între dorinţa de putere şi respingerea totală a puterii; la nivelul *chakra*-ei gâtului, ea se manifestă printr-o capacitate excesivă sau subdezvoltată de a manifesta această putere asupra celor din jur.

Dacă *chakra* gâtului este insuficient energizată (la fel ca şi în cazul sub-energizării *chakra*-ei plexului solar), individul este foarte şters, se exprimă greu şi poate fi considerat chiar retardat. Are dificultăţi în a comunica, se bâlbâie, mormăie cuvintele şi are o aversiune patologică față de orice formă de comportament extravertit. Capul său este întotdeauna aplecat, iar bărbia este înclinată către laringe. Dacă centrul este supra-energizat, avem de-a face cu un „vânător tipic de putere”: brutal, cu o voce puternică, pătrunzătoare, demagog, gata oricând să se arunce într-o dezbatere, ba chiar să se certe, dornic să schimbe lumea, dar numai în funcție de ideile sale, în favoarea cărora aduce o sumedenie de argumente. El are tendința să-și țină capul înclinat pe spate, cu „nasul în vânt”.

Afirmația care sintetizează cel mai bine tulburările la nivelul *chakra*-ei gâtului este următoarea: „Are ceva fals”.

Chakra din mijlocul frunții

Chakra din mijlocul frunții este sediul intuiției noastre. Aceasta este confundată adeseori cu o simplă senzație. Deosebirea dintre cele două stări poate fi făcută însă cu ușurință. Atunci când avem o aversiune, o stare de dezgust sau de teamă, ori dorința neînfrânată de a obține ceva, avem de-a face cu simple senzații. Stările neutre, care nu au nimic de-a face cu excesele amintite mai sus, sunt de regulă intuiții. Cine dorește să își dezvolte intuiția trebuie să înceapă prin a-și înțelege emoțiile și dorințele, pentru a nu o confunda cu acestea. De multe ori, senzațiile sunt amestecate, căci intuiția poate trezi anumite dorințe.

Centrul din mijlocul frunții mai este numit și cel de-al treilea ochi, căci aici se află zona cerebrală sensibilă la lumină. Oamenii de știință cred că în primele etape ale evoluției umane, la acest nivel a existat chiar un organ care făcea distincția între zi și noapte, dar acesta a dispărut între timp. După părerea mea, această explicație este greșită, căci oamenii care au centrul din mijlocul frunții bine dinamizat nu își dezvoltă vederea fizică, ci pe cea subtilă, devenind clarvăzători (ei pot vedea aurele etc.). De altfel, ochii noștri sunt întru totul capabili să facă distincția între zi și noapte. Această capacitate vizuală nu ne spune însă nimic despre dezvoltarea celorlalți centri energetici. Există și oameni care devin clarvăzători mergând pe „calea puterii”, dar această capacitate nu permite decât apariția unor funcții extrasenzoriale limitate și temporare, datorate încărcării sistematice cu energie a centrului din mijlocul frunții. Mai devreme sau mai târziu, această forțare conduce la o stare de epuizare (de „ardere a circuitelor"), iar puterile paranormale dispar. Literatura de specialitate rusă abundă în povești ale unor „experți psiho-kinetoterapeuți" care au sfârșit într-un scaun cu rotile după câțiva ani de practică.

Orice om dispune de puteri asociate cu centrii de forță, dar acestea rămân de cele mai multe ori în stare latentă. Trezirea lor se produce în mod armonios numai atunci când omul ajunge să accepte realitatea așa cum este și să experimenteze iubirea. Această evoluție naturală nu reprezintă însă o condiție absolută pentru trezirea puterilor supranaturale. Cu răbdare și disciplină, orice om care le urmărește și le poate dezvolta, fără a deveni neapărat un maestru sau un sfânt (de aceea, fiți întotdeauna atenți pe cine adoptați drept maestru...).

Am menționat deja un mare număr de blocaje asociate cu acest centru. La acest nivel, funcțiile și disfuncțiile sunt foarte apropiate și pot fi confundate ușor. De aceea, obișnuiesc să le descriu împreună. Trezirea celui de-al treilea ochi are drept scop indicarea căii personale care trebuie urmată prin „jungla vieții". Acest proces se întâmplă de regulă în conformitate cu binecunoscutul principiu al „încercării și erorii": la început aluneci pe o coajă de banană, cazi pe spate, și abia apoi te gândești cum poți evita pe viitor acest gen de întâmplări nefericite. În aceste cazuri este greu să discerni binele de rău, căci toți oamenii trebuie să își învețe lecțiile în propria lor manieră.

Alte blocaje la nivelul centrului din mijlocul frunții pot conduce la simptome precum lipsa unui scop în viață, instabilitate („Nu știu pentru ce trăiesc"), alienare datorată muncii excesive („Nu-mi pasă ce fac dacă salariul este bun"), precum și teama de fantome, apariții, duhuri etc. (datorată unei hiperactivități a acestui centru). Dat fiind că facultatea cognitivă rațională (care face parte integrantă din cunoașterea universală) își are sediul în această *chakra*, dezechilibrele la acest nivel pot conduce uneori la dureri de cap, în urma unor eforturi analitice extrem de intense, care scurtcircuitează cu energie anumite părți ale centrului. Restaurarea echilibrului prin Reiki este uşor de făcut, orientând energia către tălpi sau către cele două părți laterale ale capului. Facultatea vizuală este de asemenea structurată la nivelul acestui centru. De aceea, diagnosticarea corectă a unei persoane poate fi făcută inclusiv analizându-i capacitatea de percepție vizuală (a culorilor, vederea la distanță etc.). Disfuncțiile organelor principale sunt asociate şi ele cu centrul din mijlocul frunții. Alte blocaje tipice care atestă dezechilibre la acest nivel sunt: şomajul permanent, schimbarea frecventă a domiciliului, schimbarea continuă a iubiților, îmbrăcarea exclusivă după ultimele tendințe ale modei, adorarea idolilor, fanatismul etc.

Dacă *chakra* din mijlocul frunții este prea puțin dinamizată energetic, individul are tendința să se transforme într-o „gloabă de povară stupidă", cu toate stereotipurile care însoțesc această stare: dorința de a sta la televizor cu o sticlă de bere în față, lipsa hobby-urilor, a opiniilor personale, a interesului pentru orice subiect, a oricărei inițiative.

Hiperactivitatea la acest nivel poate conduce la „vedenii" (profeții aiuritoare), dorința de a avertiza umanitatea de tot felul de catastrofe iminente, viziunea spiritelor, sau la stări de teamă fără a şti de ce (atunci când blocajele la nivelul celui de-al treilea ochi sunt asociate cu altele, la nivelul *chakra*-ei sexuale). Pe de altă parte, funcționarea armonioasă a celui de-al treilea ochi asigură o curgere naturală a energiei dinspre *chakra* rădăcinii către acest centru (semn că omul şi-a găsit calea). De aceea, nu uitați niciodată de această asociere atunci când aveți de-a face cu cazuri de epuizare, prostie sau lipsa puterii de regenerare.

Afirmația care sintetizează cel mai bine dezechilibrele la nivelul *chakra*-ei din mijlocul frunții este următoarea: „Nu-şi găseşte calea în viață".

Reiki conduce gradual la deschiderea omului față de experiențele şi lecțiile pe care i le oferă viața pe diferitele planuri existențiale (care corespund *chakra*-elor). Şedinţele regulate de Reiki amplifică strălucirea câmpului energetic interior, permiţându-ne să ne implicăm în tot felul de experienţe pe cele două planuri principale ale existenţei (material şi spiritual). Viteza şi caracterul acestor experienţe vor depinde însă de fiecare om în parte. În esenţă, *chakra*-ele nu trebuie tratate separat. Fiecare *chakra* include anumite aspecte ale celorlalţi centri energetici, şi toate sunt interconectate în maniere multiple. Dacă vom ţine cont de această structură holografică, echilibrând toate *chakra*-ele cu ajutorul energiei Reiki, vom asigura integrarea armonioasă a tuturor experienţelor de pe diferitele planuri existenţiale care corespund *chakra*-elor. Atunci când lucraţi cu *chakra*-ele sau cu Reiki, este recomandabil să vă stabiliţi un set de priorităţi. Secţiunea care urmează va discuta despre aceste priorităţi.

Aplicaţii Reiki practice în lucrul cu *chakra*-ele

Echilibrarea chakra-elor

Sistemul energetic subtil poate fi armonizat într-un interval scurt de timp prin folosirea energiei Reiki în combinaţie cu următoarea tehnică. Această metodă are la bază lucrul cu energia polarizată, dar ţinând cont de rolul de echilibrare al energiei Reiki, nu contează care este mâna pe care o aşezaţi pe o anumită *chakra* (spre deosebire de lucrul cu energiile polarizate, când contează).

Chakra-ele trebuie echilibrate întotdeauna dinspre extremităţi către centru. De aceea, începeţi întotdeauna prin a aşeza o palmă pe *chakra* rădăcinii şi una pe *chakra* din mijlocul frunţii pacientului. Aşteptaţi până când simţiţi aceeaşi senzaţie energetică la nivelul ambelor palme. Dacă nu simţiţi nimic, frecaţi-vă palmele. În acest fel, atenţia dumneavoastră va fi mai uşor focalizată asupra lor. După ce aţi echilibrat cele două *chakra*-e „de la periferie", repetaţi procedeul cu a doua şi a cincea *chakra* (centrul sexual şi cel al gâtului), apoi cu a treia şi a patra *chakra* (centrul plexului solar şi cel al inimii). Dacă vi se pare potrivit, puteţi folosi şi alte combinaţii pentru echilibrarea *chakra*-elor.

După echilibrarea *chakra*-elor, se recomandă să neteziți aura pentru redistribuirea energiilor eliberate. Dacă nu simțiți prea multă energie la nivelul palmelor, mențineți fiecare poziție timp de 3-4 minute. De cele mai multe ori, acest interval este suficient. Dacă doriți, puteți petrece însă mai mult timp pentru echilibrarea *chakra*-elor.

Personal, utilizez frecvent această tehnică înaintea tratamentului integral al corpului, dar şi ca metodă pregătitoare în vederea tratamentului Reiki. Pacienții sensibili se relaxează întotdeauna în urma ei, devenind mult mai receptivi la nivel subconştient în vederea transferului energetic care urmează.

După o şedință în care s-au produs schimbări energetice semnificative, puteți folosi tehnica de echilibrare a *chakra*-elor pentru a redistribui energia eliberată pe nivelele mai profunde, sprijinind astfel corpul să integreze imaginile care au ieşit la suprafața conştiinței. În acest fel, vă veți simți plin de energie întreaga zi. Ori de câte ori aplic această tehnică după o şedință de Reiki, mă simt proaspăt şi perfect centrat.

Echilibrarea *chakra*-elor prin Reiki stimulează întregul sistem subtil, orientându-l către o dezvoltare mai armonioasă. Dacă este aplicată cu regularitate, ea funcționează ca un motor al creşterii interioare. Energia în exces este redistribuită, iar zonele deficitare sunt aprovizionate cu energie vitală. În plus, echilibrarea *chakra*-elor trezeşte aceşti centri energetici într-o manieră gradată şi armonioasă. Dacă este aplicată cu regularitate, poate corecta inclusiv dezechilibrele energetice acute. Capacitatea funcțională a fiecărei *chakra* depinde de buna funcționare a celorlalte.

În fiecare dimineață, înainte de a vă da jos din pat, ar trebui să realizați o echilibrare a *chakra*-elor cu ajutorul energiei Reiki. Rezultatele sunt foarte convingătoare şi aduc cu sine o mare bucurie de a trăi.

Aplicații Reiki specifice în lucrul cu *chakra*-ele

Chakra-ele pot suferi de trei feluri de dezechilibre sau „boli":

- Defecte evidente (fisuri sau malformații)
- Lipsa conexiunii cu sistemul energetic în punctul-sursă (situat întotdeauna în interiorul coloanei vertebrale)
- O aliniere greșită (situarea pe o poziție înclinată)

Echilibrarea acestor dezechilibre este ușor de făcut prin Reiki, dar redobândirea capacității de a funcționa plenar a unei *chakra* poate dura uneori vreme îndelungată. Simpla așezare a palmelor pe *chakra*-e (de scurtă durată și aplicată neregulat) nu ajută aproape deloc.

Defectele evidente și alinierile incorecte trebuie tratate după cum urmează: plasați o palmă la nivelul *chakra*-ei tratate, în partea din față a corpului pacientului, iar cealaltă palmă în partea din spate (unde este situat punctul-sursă). În cazul *chakra*-ei rădăcinii, plasați o palmă pe osul pubian și cealaltă pe coccis. Spre deosebire de alte tehnici de Reiki, în care nu se recomandă așezarea palmelor direct pe coloană (dat fiind că acest procedeu poate trezi prematur energia *kundalini),* de data aceasta trebuie să faceți acest lucru. Punctul de ieșire a energiei *chakra*-ei (situat în partea din față a corpului) reprezintă punctul de contact al aurei cu lumea exterioară, în timp ce punctul-sursă reprezintă punctul de contact cu lumea interioară (asociată cu cele două canale energetice din jurul coloanei vertebrale, precum și cu canalul central, prin care energia *kundalini* trezită ajunge la nivelul celui de-al treilea ochi).

Când energia Reiki este transferată unei *chakra* deformate, ea reface alinierea corectă, repară fisurile și vindecă defectele evidente. Curgerea Energiei Universale a Vieții printr-un organ subtil îl revitalizează întotdeauna, ajutându-l să își reia funcțiile naturale.

Tratamentul Reiki parțial nu este însă suficient, căci un defect la nivelul unei *chakra* afectează întregul flux al energiei, împiedicând armonizarea simultană a tuturor aspectelor centrului energetic. Acest lucru este foarte important, căci toate părțile unei *chakra* sunt asociate cu ceilalți centri energetici (principiul holografic).

Tratamentul parțial este anulat rapid de dezechilibrele manifestate în altă parte a centrului energetic. În schimb, aplicarea tratamentului mental al gradului doi de Reiki asupra unei *chakra* specifice poate accelera dramatic procesul de vindecare.

Imediat după ce se lucrează cu o *chakra,* acestea trebuie echilibrate, căci *chakra* tratată dispune de o energie nouă, care nu mai corespunde energiei celorlalte *chakra*-e, ceea ce poate conduce rapid la un nou dezechilibru la nivelul centrului energetic de-abia tratat. Dacă toate *chakra*-ele sunt echilibrate prin Reiki, această problemă nu poate apărea. Tot ce trebuie să faceți în final este să neteziți aura, pentru ca energia eliberată să înceapă să curgă din nou. În acest fel, în viitor aura va putea fi detoxificată mai ușor.

Lipsa conexiunii dintre o *chakra* și sistemul energetic subtil poate fi remediată prin transferul energiei Reiki către *chakra* afectată pe la spatele corpului. Dați-i pacientului 2-3 minute pentru a absorbi energia, apoi continuați cu tehnica descrisă mai sus. Procedeul poate fi repetat de mai multe ori. Și în acest caz, tratamentul trebuie completat printr-o echilibrare a *chakra*-elor și o netezire a aurei. Dacă simțiți că aura ar trebui netezită de mai mult de trei ori, repetați procedeul până când vă simțiți satisfăcut de rezultat.

Echilibrarea în trei a *chakra*-elor

Acest exercițiu se recomandă pentru acele ședințe de tratament în care trebuie să rezolvați anumite blocaje elementare, cu mare blândețe, dar poate fi practicat și ca tehnică pregătitoare în vederea unei aplicații specifice în lucrul cu *chakra*-ele, ca tehnică de relaxare sau pur și simplu „pentru amuzament".

Persoana care urmează să fie tratată stă așezată pe spate, cu o palmă așezată pe plexul solar și cealaltă pe centrul inimii. Dacă pacientul este el însuși inițiat în Reiki, exercițiul devine mai simplu, dar acest lucru nu este absolut necesar. Dacă nu este inițiat, tot ce trebuie să facă este să își așeze corect palmele, cea stângă fiind așezată pe centrul inimii și cea dreaptă pe centrul plexului solar.

Celelalte două persoane care oferă tratamentul stau de o parte şi de alta a pacientului. Prima îşi aşează palmele pe centrul rădăcinii şi pe cel din mijlocul frunţii, iar cealaltă pe centrul sexual şi pe cel al gâtului. În acest fel, toate *chakra*-ele sunt echilibrate simultan. Dat fiind că poziţia palmelor nu se schimbă în timpul acestui exerciţiu, starea de relaxare profundă este atinsă mult mai uşor decât în cazul tratamentul integral al corpului. Pe de altă parte, acţiunea energiei Reiki nu este orientată decât parţial asupra organelor. De aceea, această tehnică este recomandată mai ales pentru relaxare, pentru eliminarea blocajelor cronice şi pentru fortificare şi calmare generală. Înainte şi după şedinţă, este util ca aura să fie netezită, după care poate fi făcut un masaj energetic, pentru a conecta astfel energia armonizată cu energia pământului.

Notă importantă: după orice stare de relaxare profundă, revenirea la realitate şi ridicarea la poziţia verticală trebuie făcută lent şi gradual.

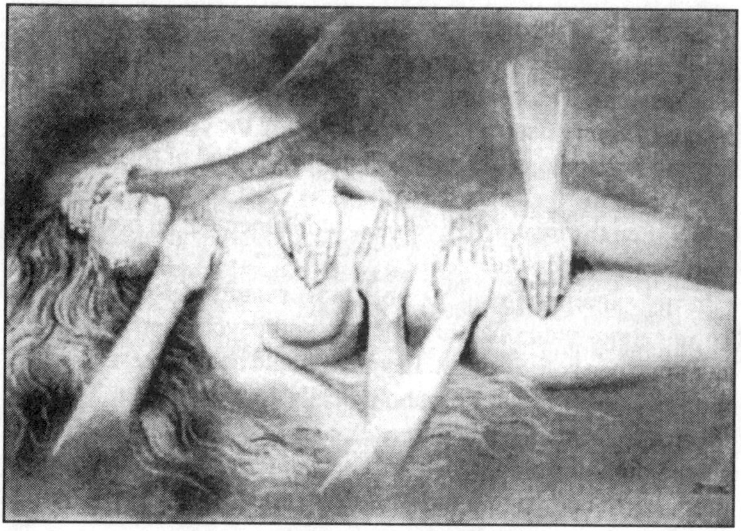

Fig. 31: Echilibrarea în trei a chakra-elor

Aplicații Reiki specifice asupra *chakra*-elor majore și minore

Dacă există probleme legate de *chakra*-ele minore, acestea pot fi ușor influențate prin echilibrarea *chakra*-elor majore asociate cu ele.

Dacă după mai multe ședințe (cel puțin zece ședințe ținute câte una pe zi sau la două zile) nu apar îmbunătățiri evidente, puteți aplica metodele descrise mai sus pentru vindecarea *chakra*-elor majore inclusiv pentru tratarea celor minore. În final, *chakra*-ele minore trebuie armonizate cu cele majore, iar ședința trebuie să se încheie cu o echilibrare a *chakra*-elor majore.

Pentru a obține succesul în lucrul cu *chakra*-ele este necesar să practicați ședințe de Reiki regulate și frecvente. Procesul de vindecare și cel de creștere astfel activate sunt foarte profunde; de aceea, pacientul ar trebui avertizat să ducă o viață cât mai liniștită și mai armonioasă în timpul perioadei de tratament. Vindecarea *chakra*-elor nu poate fi făcută haotic și aleatoriu, nici chiar prin Reiki. De multe ori, tratamentul trebuie completat cu remedii homeopatice sau psihoterapeutice.

Experiența m-a învățat că *chakra*-ele se vindecă mai rapid dacă tratamentul Reiki integrează și diferite remedii naturiste, precum și tehnicile psihoterapeutice, într-un efort holistic general. Persoanele nelicențiate nu ar trebui să prescrie medicamente, și nici să se joace de-a psihologii cu pacienții lor. Există destui specialiști care pot face acest lucru.

Tabelele pentru analiza tulburărilor din sistemul energetic cu ajutorul pendulului se găsesc la sfârșitul cărții, în anexă.

Rezumat

Aplicațiile Reiki în lucrul cu chakra-ele

Atunci când se lucrează cu *chakra*-ele, înainte și în timpul ședințelor de Reiki trebuie clarificate următoarele întrebări:

- Pe ce nivel se manifestă dezechilibrul? (în cazul problemelor fizice şi emoţionale grave se recomandă întotdeauna consultarea unui medic sau a unui specialist în medicina naturistă)

- Ce *chakra*-e majore şi minore sunt afectate?

- Cât de detaliat trebuie să fie tratamentul Reiki? (stabiliţi tipul, durata şi frecvenţa tratamentelor)

- Trebuie incluse şi alte metode în tratament? Dacă da, care? Sunteţi calificat pentru aplicarea lor? Dacă nu, ce terapeut ar trebui consultat?

Dacă ajungeţi la concluzia că dezechilibrul are la bază o conexiune sau o fixaţie *karma*-ică (care nu poate fi tratată decât la nivelul plexului solar), se recomandă să aplicaţi tratamentul integral al corpului, dar şi un tratament psihologic. Procesul de vindecare profundă şi declanşarea procesului de creştere spirituală nu pot fi iniţiate decât după eliminarea poverii *karma*-ice şi a blocajelor mentale asociate. În final, rezultatul obţinut va fi o mai mare capacitate de a iubi şi mai multă luciditate.

Notă explicativă: prin fixaţii înţeleg acele preconcepţii (dogme) sau prejudecăţi referitoare la felul în care ar trebui să arate lumea şi în care ar trebui să se comporte oamenii pentru ca totul să fie în ordine. Aceste blocaje se manifestă adesea sub forma unor concepte morale extrem de rigide. Pe termen lung, este imposibil să evoluezi dacă te cramponezi de asemenea idei. Dacă omul continuă să nu recunoască toxicitatea acestor convingeri, în el se formează o povară *karma*-ică, adică un complex de vinovăţie, care îl împiedică să accepte iubirea ca fundament al vieţii. Vinovăţia este întotdeauna asociată cu teama. Ea nu are nimic de-a face cu iubirea; dimpotrivă, o exclude. De vreme ce Dumnezeu (Spiritul Universal sau Mintea Universală) este iubire, este evident că vinovăţia imaginară îi împiedică pe oameni să se angajeze într-o relaţie autentică cu Dumnezeu.

Capitolul nouă

REIKI ŞI CRISTALELE

Pietrele semiprețioase şi cristalele au fost folosite de-a lungul întregii istorii a umanității pentru tratamente curative, pentru vrăji de protecție şi în ceremonii de inițiere de toate felurile. Frumusețea lor şi lumina pe care o emană au început să-i inspire din nou pe oameni la ora actuală, când ne aflăm la începutul unei Noi Ere. Mulți oameni au adoptat tehnicile care folosesc cristale pentru a se pune la unison cu vibrațiile Erei Vărsătorului în care tocmai intrăm.

Pietrele prețioase şi semiprețioase pot fi folosite cu succes inclusiv în Reiki. Acest subiect a fost tratat în detaliu în cartea Ursulei Klinger-Raatz. În capitolul de față nu voi discuta decât câteva aplicații uşor de practicat şi extrem de eficiente, pe care le-am descoperit prin studiile personale asupra Reiki-ului şi a cristalelor.

Reiki ajută la declanşarea mai multor procese interioare extrem de profunde. În urma tratamentului, temerile şi aspectele ascunse ale personalității ies la suprafața conştiinței, impunând integrarea lor pentru ca procesul de creştere spirituală să poată continua. Situația pacientului nu este deloc uşoară: pe de o parte, vechile căi încep să i se pară derizorii, în timp ce noile căi nu sunt încă suficient de clar conturate. Unele blocaje pot fi foarte încăpățânate şi teama de ceea ce poate ieşi la suprafața conştiinței conduce uneori la crampe dureroase şi la coşmaruri. În timpul acestui proces, prietenii noştri din lumea mineralelor ne pot fi de un real folos.

În experiența mea, trei cristale s-au dovedit cu deosebire utile: ametistul, cristalul de stâncă şi cuarțul roz. Deşi calitățile lor sunt foarte diferite, ele operează foarte bine împreună, susținând eficient practica Reiki. Sugestiile care urmează îmi aparțin întru totul.

Cristalele de stâncă ilustrează adevărata calitate a luminii, cuarțul roz trezește rezonanța cu vibrația energiei iubirii și ne ajută să acceptăm adevărul luminii, iar ametistul activează din punct de vedere energetic cel de-al treilea ochi și ajută la găsirea căii individuale care conduce la realizarea spirituală.

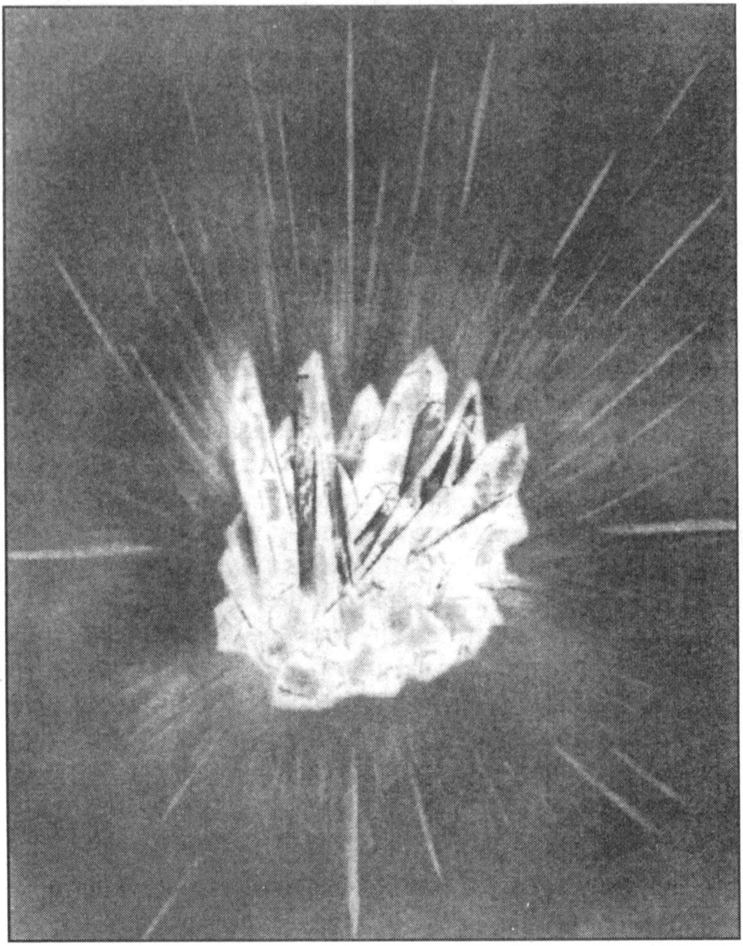

Fig. 32: Floare de mină (cristal de stâncă)

Cristalele de stâncă

Cristalele de stâncă reprezintă cea mai înaltă treaptă de evoluție în lumea minerală. Niciun cristal nu este identic cu altul, deşi cresc adeseori în familii, având o bază comună (aşa apar formațiunile complexe). Cele şase laturi ale unui cristal sunt asociate cu cele şase *chakra*-e, iar vârful său corespunde celei de-a şaptea *chakra,* cea coronară, centrul transformării umane. La bază, ele sunt de regulă mai opace, dar devin din ce în ce mai clare pe măsură ce ne apropiem de vârf. La fel ca oamenii, cristalele îşi au rădăcinile în lumea exterioară grosieră, dar evoluează către lumea subtilă, devenind din ce în ce mai clare şi mai luminoase pe parcursul acestui proces. Capacitatea lor de a fi transparente şi receptive la toate vibrațiile îi poate ajuta pe oameni să îşi elimine blocajele care îi împiedică să fie la fel de receptivi.

În activitatea mea, obişnuiesc să folosesc trei forme diferite ale acestor „purtători ai luminii", fiecare având un scop precis. Astfel, utilizez un mic grup alcătuit din două cristale mari şi unul mic (cu diametrul la bază de circa trei centimetri şi o înălțime de aproximativ şase centimetri), sau un cristal de zece centimetri lungime şi două cristale mai mici, în formă de ou, cu diametrul de 3,5 centimetri. Dimensiunile sunt aproximative. Alegeți întotdeauna pietrele de care vă simțiți atraşi din punct de vedere intuitiv, dar şi în funcție de scopul pe care vi-l propuneți.

Pe parcursul tratamentului Reiki regulat, anumite aspecte ale Sinelui se ridică în planul conştiinței de veghe (ies la lumină), lucru dificil de acceptat uneori. Simultan, omul devine mai sensibil, mai deschis la experiențele noi. Pe de altă parte, el trebuie să învețe cum să se protejeze, pentru ca noile experiențe să nu-l copleşească (îndeosebi dacă sunt dificile). Aceste procese de învățare se reflectă în visele sale, dar şi în relația sa cu mediul înconjurător. Cristalele de stâncă ajută la protecția împotriva emoțiilor excesive în fața noilor schimbări şi a noului nivel energetic care le însoțeşte. Metaforic vorbind, ele ne ajută să navigăm pe o mare furtunoasă.

Grupurile mici de cristale (de genul celor amintite mai sus) pot avea efecte miraculoase în cazul viselor tulburătoare. Tot ce aveți de făcut în acest scop este să le plasați pe pat, în dreptul capului, și să le curățați la fiecare 2-3 zile (vezi detaliile din Anexă).

Acasă sau la lucru avem deseori de-a face cu oameni care știu pe ce butoane să apese pentru a ne face nesiguri, pentru a ne goli de energie, sau care au o atitudine constant negativă. În acest caz, cristalele nu ar trebui să ne părăsească nicio clipă, căci pot aduce literalmente lumină în viața noastră de zi cu zi. Această activitate le epuizează puterea; de aceea, ele trebuie purificate regulat. Dacă doriți să le arătați aprecierea dumneavoastră pentru ceea ce fac, le puteți trata inclusiv cu energie Reiki.

Dacă vă simțiți vreodată copleșit de o nouă situație de viață, iar lucrurile par să vă scape de sub control, provocându-vă un mare stres, puteți practica două variante ale meditației Reiki descrise în capitolul 11. Aceste tehnici vă vor ajuta să scăpați de anxietate și de blocaje.

Meditația Reiki cu cristale de stâncă

Varianta A

Așezați-vă pe spate, cu genunchii ridicați și lăsați pe laterală. Uniți cât mai bine tălpile picioarelor. Lipiți palmele într-o poziție de rugăciune, în dreptul inimii, ținând între ele un cristal de stâncă șlefuit și de dimensiuni acceptabile. Puteți practica meditația și stând într-o poziție șezând, cu spatele drept (sprijinit de spătarul unui scaun sau al unui fotoliu).

Energia cristalului este receptată de *chakra*-ele minore din dreptul palmelor și pătrunde în corp prin zonele reflexe. Dacă simțiți nevoia de a primi urgent lumină, cristalul se va încălzi puternic după o vreme. Acest lucru nu trebuie să vă sperie, căci nu reprezintă decât o reacție normală la transferul uriaș de energie care se realizează. În afară de receptarea energiei cristalului, meditația permite și transferul energiei Reiki, la fel ca în cazul tratamentul integral al corpului, prin intermediul zonelor reflexe şi al punctelor de acupunctură din palme. Efectele de purificare şi eliminare a blocajelor pe care le produce această tehnică ajută la curgerea mai uşoară a energiei Reiki. În timpul acestui exerciţiu, focalizaţi-vă atenţia asupra mâinilor, simţiţi cum energia se răspândeşte prin întregul corp şi remarcaţi reacţiile produse în acesta. Dacă doriţi, puteţi combina această tehnică cu recitarea puternicei *mantra*-e AUM (pentru detalii suplimentare, consultaţi capitolul 11).

Fig. 33a: Meditaţie, varianta A

Varianta B

Aşezaţi-vă în aceeaşi poziţie ca mai sus, dar lăsaţi braţele în jos, la un unghi de 45 de grade, cu palmele orientate în sus. Ţineţi în ele câte un cristal şlefuit. Conştientizaţi ce se întâmplă la nivelul palmelor. Sesizaţi receptarea energiei şi deplasarea acesteia prin corp. Această variantă a exerciţiului este foarte utilă pentru pregătirea în vederea tratamentului integral al corpului, dar şi ca meditaţie în sine. Tehnica poate fi aplicată atât culcat pe spate, cât şi şezând pe un scaun.

Aceste exerciţii sunt foarte intense. De aceea, cristalele folosite trebuie lăsate în final să se odihnească vreme de câteva zile, timp în care trebuie purificate cu cea mai mare atenţie. Dacă în timpul meditaţiei simţiţi blocaje puternice, precis definite şi localizate (de pildă, umeri tensionaţi sau un sentiment de teamă

Fig. 33b: Meditaţie, varianta B

în regiunea plexului solar), puteți folosi un cristal alungit pentru a le dizolva (dumneavoastră sau un partener). Pentru acest scop, rotiți purtătorul luminii deasupra zonei afectate, în sensul acelor de ceasornic, într-o spirală ascendentă, care se îndepărtează din ce în ce mai mult de corp. Dacă este necesar, repetați procedeul de mai multe ori. Uneori, se recomandă să suflați cu putere asupra zonei tratate, pentru a difuza energia eliberată în restul aurei. După dizolvarea sau reducerea semnificativă a blocajului, puteți trece la tratamentul Reiki obişnuit. În final, picioarele trebuie tratate timp de cel puțin cinci minute, iar aura trebuie netezită.

Această metodă s-a dovedit extrem de eficientă în caz de crampe musculare, care apar uneori în timpul tratamentului Reiki (vezi capitolul 6). Cunosc un caz în care o pacientă a făcut o şedință de Reiki din cauza unor dureri menstruale. La scurt timp, durerile s-au amplificat şi nu au putut fi diminuate nici măcar prin difuzarea energiei Reiki către zonele laterale. Greşeala terapeutului a fost că nu a combinat tratamentul integral al corpului cu cel specific (zonal)! Prin folosirea tehnicii descrise mai sus (cu un cristal de stâncă) durerile au încetat în scurt timp şi nu au mai reapărut decât rareori şi mult diminuate în timpul tratamentelor ulterioare.

Alte domenii în care poate fi aplicată această tehnică (urmată de tratamentul Reiki):

- Energizarea țesuturilor cicatrizate (dacă este necesar, acestea trebuie injectate de un medic naturist sau tratate de un homeopat)
- Tratarea specifică a organelor sau a nodulilor limfatici
- Vindecarea *chakra*-elor deteriorate (inclusiv prin aplicarea măsurilor descrise în capitolele 6 şi 8)
- Tratarea rănilor (împreună cu alte măsuri complementare)
- Relaxarea mentală a celor cu dificultăți de detaşare (în timpul şedinței Reiki, puteți aşeza cristale de stâncă şlefuite în palmele pacientului sau pe părțile corpului său care au nevoie de energie vitală, dar numai cu consimțământul acestuia)

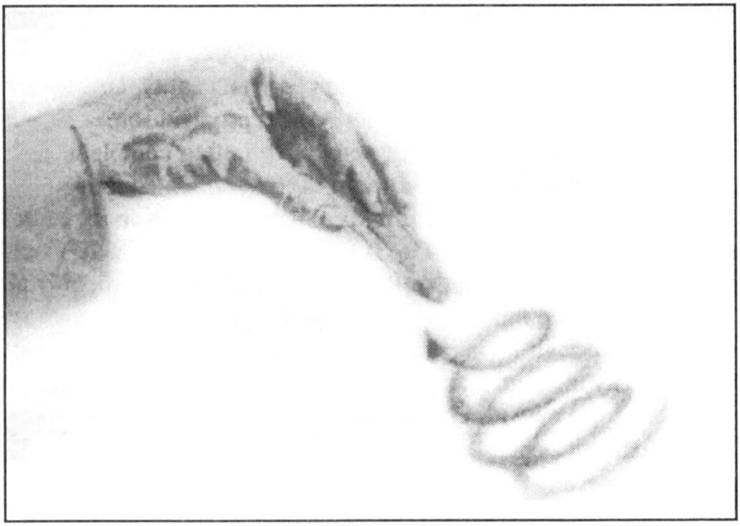

Fig. 34: Eliminarea blocajelor cu ajutorul unui cristal de stâncă

Cuarțul roz

Acest tip de cristal aparține familiei cuarțurilor. Atunci când lucrez cu energia Reiki, folosesc cristale de cuarț roz cu un diametru de circa patru centimetri. Vibrația culorii roz este caldă şi corespunde iubirii din *chakra* inimii. Orice proces de vindecare începe înainte de toate la nivelul acestui centru. Culoarea roz a cuarțului aminteşte energiei blocate de iubirea care o aşteaptă, ridicându-i astfel vibrația şi scoțând-o la lumina conştiinței. De aceea, la fel ca şi cristalele de stâncă, cuarțurile roz pot fi folosite pentru eliminarea profundă a blocajelor şi pentru vindecarea problemelor fizice şi emoționale.

Cuarțul roz poate vindeca inclusiv experiențele de despărțire şi traumele asociate cu ele, transfigurându-le şi făcându-le să apară într-o lumină nouă, mai plină de iubire. De multe ori, atunci când ne deschidem în fața iubirii, din ochi ne curg lacrimi purificatoare. Acestea devin semnul vizibil al experimentării „unității" care devine dintr-o dată evidentă, după experiența traumatizantă a separării de persoana iubită. Spre deosebire de cristalele de stâncă, a căror vibrație ajută la revelarea prin iluminare a stării de „unitate", printr-un proces de amplificare a lucidității, cuarțul roz contribuie la dezvoltarea capacității de a accepta părțile redescoperite ale propriei ființe, într-o manieră plină de iubire, şi la reintegrarea lor în restul personalității. Această experiență poate fi comparată cu întoarcerea fiului risipitor.

Cuarțul roz este foarte indicat oamenilor care se plâng frecvent de viață, afirmând (cu un oftat) că ar dori să facă altceva cu ea („Ce bine ar fi dacă aş putea... dar nu pot!", „Ce bine mi-ar merge dacă...", „Dacă cineva m-ar ajuta..."). Astfel de afirmații arată faptul că oamenii au început deja să accepte anumite părți ascunse ale personalității lor, dar nu sunt încă de acord să le elibereze printr-o acceptare plină de iubire, neputând astfel să le integreze armonios în ansamblul ființei lor.

Alți oameni care pot beneficia de pe urma vibrațiilor cuarțului roz sunt cei dogmatici, cei care resping sexualitatea sănătoasă, propriul trup şi anumite dorințe pe care le au, dar şi cei care îşi condamnă semenii pentru simplul motiv că au idei diferite de ale lor. Dacă, înaintea sau în timpul şedinței de Reiki, veți plasa un cuarț roz (sau mai multe) pe *chakra* inimii pacientului sau pe *chakra*-ele care guvernează calitățile speciale pe care pacientul le respinge inconştient, acestea îl vor ajuta să accepte energia astfel eliberată.

Dacă în timpul sau după o şedință de Reiki apar sentimente de anxietate, plasați un cuarț roz într-una din mâinile pacientului (sau câte unul în fiecare palmă). Acestea îl vor ajuta să se ierte şi să se accepte pe sine, plin de iubire. Dacă tratamentul mental specific Reiki-ului de gradul doi nu poate fi aplicat după o şedință Reiki specifică şi foarte intensă (de pildă, asupra *chakra*-elor), plasați unul sau mai multe cuarțuri roz asupra trupului pacientului.

Dacă în timpul meditației descrise la începutul acestui capitol veți folosi un cuarț roz în locul cristalului de stâncă, acesta vă va ajuta să vă acceptați pe dumneavoastră înşivă, dar şi pe cei din jur, cu toate defectele şi slăbiciunile lor, astfel încât să nu vă mai consumaţi inutil din cauza „imperfecţiunilor acestei lumi". În locul *mantra*-ei AUM, puteţi lucra şi cu afirmaţii pozitive, de genul: „Mă accept aşa cum sunt!", sau „Dumnezeu mă iubeşte aşa cum sunt!"

Dacă exerciţiul trezeşte în dumneavoastră reacţii prea puternice, puteţi ruga un prieten să vă asiste în timpul meditaţiei. Dacă vă temeţi de această tehnică, nu o realizaţi, dar apelaţi la un psihoterapeut pentru a clarifica ce anume se ascunde în spatele acestei aversiuni. Scopul exerciţiului este îndeplinit în clipa în care deveniţi conştient de aversiunea pe care v-o trezeşte acceptarea anumitor părţi din fiinţa dumneavoastră. Dacă veţi învăţa să vă iubiţi, această meditaţie vă va oferi o minunată ocazie de a vă scălda în vibraţia roz a iubirii şi de a vă simţi pur şi simplu bine. Personal, aplic deseori această tehnică după o zi tensionată, în care mă confrunt cu haosul din propria mea fiinţă şi din fiinţele celor din jur, pentru a-mi reaminti astfel de cealaltă latură a realităţii, cea plină de acceptare şi de iubire.

Ametistul

Acest cristal violet poartă în sine vibraţia smereniei. El are capacitatea de a stimula cel de-al treilea ochi, ajutându-ne astfel să recunoaştem şi să ne acceptăm calea individuală. Ametistul este ultima piatră semipreţioasă din sistemul meu (alcătuit din trei tipuri de pietre), pe care îl consider astfel complet. Această piatră ajută la elevarea vibraţiei individuale şi la realizarea Sinelui în cadrul mai larg al universului. Orice om îşi are propria sa cale individuală. Tot ce trebuie să facă el este să o descopere şi să o urmeze. Din păcate, este mai uşor să afirmi decât să faci acest lucru.

Ametistul vă poate ajuta să vă integraţi mai uşor noua conştiinţă de sine în rutina zilnică a vieţii. În timpul şedinţelor regulate de Reiki apar tot timpul situaţii noi, care impun această integrare. Omul nu ştie cum să îşi integreze noul sine descoperit în activităţile sale de zi cu zi, în viaţa sa de familie şi în cercul său de prieteni, fără a afecta noile structuri dobândite, dar şi fără a-i ofensa pe cei din jur, făcându-i să se simtă nesiguri.

În timpul şedinţelor de Reiki, eu folosesc ametiste şlefuite cu un diametru de circa patru centimetri. Dacă doriţi să folosiţi un ametist pe propria dumneavoastră fiinţă, întindeţi-vă pe spate şi adoptaţi postura din varianta A a meditaţiei descrise la începutul acestui capitol. Plasaţi piatra pe cel de-al treilea ochi şi canalizaţi energia Reiki dinspre palma stângă către centrul inimii, respectiv dinspre palma dreaptă către centrul plexului solar.

Figura 35: Meditaţie cu un ametist

Aceste poziţii stimulează cel de-al treilea ochi, fără a-l suprasolicita însă. Dimpotrivă, echilibrează energia sa cu cea din centrul inimii şi din cel al plexului solar. Altfel spus, această metodă face parte din categoria celor de echilibrare a *chakra*-elor. Pe măsură ce stimularea celui de-al treilea ochi conduce la înţelegerea căii individuale, temerile care ies la suprafaţă se acumulează în plexul solar. Dacă acesta este echilibrat de energia plină de iubire a *chakra*-ei inimii, senzaţia de teamă este percepută ca un simplu avertisment şi nu ne mai terorizează. În acest fel, ea este evitată sau mult diminuată.

Dacă este plasat pe un organ tratat anterior o perioadă mai lungă de timp prin Reiki (datorită unei disfuncții), ametistul îl ajută să își reia activitatea normală în cadrul metabolismului general. De pildă, această măsură este foarte utilă în caz de hiperactivitate glandulară. Ori de câte ori organele asupra cărora ați lucrat par să își recapete puterea, dar nu lucrează corespunzător, folosiți tehnica ametistului. Alte simptome în cazul cărora se recomandă să lucrați cu un ametist sunt: hipertensiunea, izbucnirile necontrolate de mânie, nimfomania și stările de isterie.

Personal, folosesc frecvent această „piatră a cunoașterii" în timpul tratamentului integral al corpului prin Reiki, plasând-o pe o anumită zonă a corpului sau pe cel de-al treilea ochi, pentru a-i permite astfel pacientului să utilizeze cât mai plenar energia vitală receptată, dar și pentru a preveni astfel crizele de anxietate. Seara, după una sau mai multe ședințe de Reiki, piatra poate fi plasată timp de cincisprezece minute pe cel de-al treilea ochi, ajutând la integrarea armonioasă a noii energii dobândite în viața de zi cu zi.

Rezumat

Reiki şi cristalele

Ametistul (a şasea chakra)

Lecţie: realizarea Sinelui real în contextul său universal

Situaţie energetică: folosire incorectă

Simptome: hiperactivitate de orice fel; inflamaţii; hipertensiune; hiperactivitate glandulară; isterie

Cuarţul roz (a patra chakra)

Lecţie: acceptare

Situaţie energetică: neacceptare

Simptome: rezistenţă de orice fel; cancer; chisturi; tensiune; simptome schizoide

Cristalul de stâncă (a doua chakra)

Lecţie: percepţie

Situaţie energetică: nerealizare

Simptome: funcţionarea sub capacitate a unui organ sau sistem; circulaţie proastă; funcţionarea sub capacitate a sistemului glandular; depresie

Capitolul zece

REIKI ŞI MIROSURILE PARFUMATE

Aromaterapia (sau tratamentul cu ajutorul mirosurilor parfumate) a devenit extrem de populară în ultimii ani. Cu numai zece ani în urmă uleiurile esenţiale erau folosite aproape exclusiv la fabricarea parfumurilor cosmetice. Aplicarea lor era limitată mai mult sau mai puţin la tratamentele cosmetice şi la cultivarea atractivităţii personale. La ora actuală, situaţia s-a schimbat. Uleiurile esenţiale sunt folosite astăzi pe scară largă pentru stimularea proceselor de creştere interioară şi în scopuri terapeutice.

Parfumurile uleiurilor esenţiale operează la nivel organic, datorită prezenţei anumitor esenţe tipice; simultan, ele au capacitatea de a transmite anumite vibraţii subtile extrem de puternice, ce pot avea efecte curative asupra sistemului energetic subtil şi a aurei.

Prima mea experienţă legată de eficacitatea acestor esenţe s-a produs în timpul unei serii de şedinţe terapeutice la care m-a supus o prietenă. Înainte de a începe şedinţele propriu-zise, aceasta folosea diferite esenţe parfumate pentru a-mi armoniza *chakra*-ele, lucru care m-a inspirat să folosesc mai târziu eu însumi această tehnică la şedinţele mele.

Am obţinut astfel rezultate bune, folosind un sistem de esenţe complementare extrem de eficiente. Dacă doriţi să le folosiţi ca ajutor în şedinţele dumneavoastră de Reiki, o puteţi face fără a deveni neapărat experţi în domeniul aromaterapiei. Sistemul utilizează următoarele uleiuri esenţiale: Iarba Sfântului Ioan, paciuli, lavandă, lămâiţă şi santal.

Iarba Sfântului Ioan

Parfumul foarte stimulativ al acestei plante influenţează în principal al treilea ochi. El deschide mintea către experienţe noi, inspirând o mai mare sensibilitate față de plăcerile senzoriale ale vieții. Transportă mintea dincolo de nivelul rațiunii, trezind curiozitatea și capacitatea de a te bucura de minunile lumii, la fel ca un copil.

În timpul ședințelor de Reiki, folosesc parfumul de Iarba Sfântului Ioan (o specie de salvie) pentru a deschide blând *chakra*-ele majore și minore blocate. Iarba Sfântului Ioan contribuie la sesizarea în plan subconștient, pur emoțional, a minunii explorării spațiilor noi. Ea inspiră omul să renunțe la limitările sale auto-impuse și să-și dezvolte curajul de a face față noilor provocări. Calitatea sa de calmare și nuanțele vesele trezesc un simț existențial mai puțin inhibat și permit eliberarea energiei blocate.

Fig. 36: Diferite uleiuri esențiale

Paciuli

Acest parfum este senzual și erotic. El influențează în special centrul sexual, amplificând percepția senzorială și pofta de viață.

Aprecierea aspectelor senzuale ale vieții contribuie la eliberarea energiilor blocate la nivelul zonei pelviene. Paciuli este un parfum mai matur decât Iarba Sfântului Ioan, căci deschide ființa către plăcerile senzuale pe toate nivelele existenței, făcând-o receptivă la muzică, artă, senzualitate şi bucuria excursiilor în natură. În timp ce Iarba Sfântului Ioan inspiră mai degrabă o deschidere naivă, copilărească, paciuli ştie perfect ce experiențe doreşte să trezească în noi: cele care oferă plăcerea contactului cu lumea exterioară şi cu alte persoane.

În Reiki, paciuli poate fi folosit pentru restabilirea fluxului energetic din regiunea pelviană şi pentru reducerea „pielii groase" (atât la propriu, cât şi la figurat), respectiv pentru eliminarea obstacolelor auto-create care împiedică ființa să se deschidă în fața întâlnirilor senzuale cu viața. Printre acestea se numără teama de a fi atins şi de apropierea fizică de orice fel, alergiile, impuritățile la nivelul pielii şi orice alt zid pe care şi l-a înălțat persoana în cauză pentru a nu experimenta viața la nivel senzorial şi senzual.

Paciuli poate fi folosit pentru toate *chakra*-ele majore şi minore închise în fața percepțiilor senzoriale, contribuind la restaurarea acestei funcții. Cei cărora nu le place mirosul de paciuli, deşi ar putea beneficia de pe urma lui, pot încerca cu ylang-ylang, care are proprietăți similare.

Lavanda

Acest miros nobil şi delicat are un succes deosebit în cazul oamenilor extrem de sensibili, al căror echilibru emoțional este uşor de tulburat, pornind chiar şi de la o simplă glumă, şi care se plâng tot timpul de răutatea semenilor lor. Uleiul esențial de lavandă este la fel de util în cazul oamenilor care se simt atât de răniți încât nici măcar nu îşi mai exprimă cu glas tare nemulțumirea. Aceste simptome sunt asociate întotdeauna cu o aură slăbită. În mod normal, aura protejează sistemul energetic interior de stimulii prea puternici, acționând ca un fel de piele energetică. Dacă ea este fisurată sau în cazul în care energia ei nu curge liber, numeroase impulsuri exterioare pot ajunge la *chakra*-e fără a fi filtrate de acest înveliş protector, exercitând o presiune foarte mare asupra lor. Orice contact cu mediul exterior este perceput în acest caz ca un fel de război. De multe ori, acest gen de persoane slăbite adoptă strategii protectoare, pentru a compensa astfel sensibilitatea lor exacerbată. De regulă, ele nu intră în contact decât cu câteva persoane special alese, şi chiar şi atunci preferă să nu fie deranjate de altele. Sunt genul de oameni care preferă să îşi facă cumpărăturile numai în magazinul de peste drum, unde au ajuns să îi cunoască pe vânzători. În vacanţe preferă să meargă undeva la ţară, într-un loc cu care sunt familiarizaţi de multă vreme.

Dacă încercaţi să trataţi prin Reiki pacienţi introvertiţi din categoria celor descrişi mai sus, este esenţial să le asiguraţi protecţia de care au atâta nevoie. Uleiul esenţial de lavandă poate fi de un real folos în această direcţie. Descoperiţi cea mai sensibilă *chakra* a pacientului şi aplicaţi pe ea ulei de lavandă. Exemplele folosite mai sus sunt puţin exagerate. Mulţi oameni sunt extrem de sensibili, fără a afişa însă atât de deschis acest lucru (nu îi poţi recunoaşte întotdeauna de la prima vedere, căci nu manifestă stereotipurile descrise mai sus). Am apelat la o descriere a cazurilor extreme tocmai cu scopul de a vă ajuta să înţelegeţi şi să recunoaşteţi această sensibilitate, chiar dacă se manifestă la o scară mai mică.

Lavanda poate fi extrem de utilă în timpul şedinţelor prelungite de Reiki, în care deblocarea energiilor conduce la o sumedenie de percepţii noi pentru pacient şi în care impresiile sunt percepute mai intens ca de obicei. Pacienţii cu „pielea subţire" au nevoie de protecţie şi de o stare de pace lăuntrică pentru a-şi redobândi treptat încrederea în sine şi pentru a restabili contactul cu propria energie a vieţii. Lavanda asigură aceste condiţii, căci amplifică energia la nivelul *chakra*-ei rădăcinii şi al plexului solar.

La fel de util este acest parfum şi în cazul aplicaţiilor Reiki specifice şi al eliberării blocajelor din aură şi de la nivelul *chakra*-elor. Când transferul energetic elimină un blocaj foarte profund, *chakra*-ele şi aura au nevoie de protecţie o anumită perioadă de timp. În caz contrar pot apărea rapid reacţii negative, chiar mai rele decât starea inițială. Blocajele și temerile nu sunt niciodată simple obstacole lipsite de rost. În trecut, ele au jucat un rol important de protecție pentru persoana în cauză. Nu trebuie să uităm niciodată de acest lucru atunci când le deblocăm.

Lămâița (lămâia)

Acest parfum împrospătează și dă putere. Prospețimea sa ne ajută să ne detașăm de tiparele depășite de gândire și de comportament, și să adoptăm noi modele, mai impregnate de energie vitală. Lămâița este indicată în cazul persoanelor conștiente de blocajele lor, care au trecut deja prin toate etapele pregătitoare în vederea renunțării pentru totdeauna la ele. Singurul lucru care le mai lipsește este voința și tăria de caracter, ceea ce le creează o stare de insecuritate. Pare întotdeauna mai ușor să te folosești de o cârjă decât să te ridici în picioare, chiar dacă acestea funcționează, dar sunt foarte slăbite.

Acest principiu este valabil și în ceea ce privește ședințele de Reiki. El arată importanța necesității de a ne asigura că rezervele de energie ale pacientului sunt suficiente pentru ca acesta să se poată adapta la un nou mod de viață și la renunțarea definitivă a blocajelor după restaurarea funcțiilor organelor și ale sistemului energetic în urma tratamentului. Lămâița influențează în principal *chakra* rădăcinii în combinație cu cel de-al treilea ochi. De aceea, se recomandă folosirea locală a acestui parfum, după purificarea și deschiderea parțială a unei *chakra,* pentru a o fortifica. Orice fortificare asigură simultan și o stare de protecție.

Santalul

Dintr-o anumită perspectivă, acest parfum evocă funcția unei mame pline de iubire. Energia sa calmă creează senzația de căldură umană, de acceptare, deschidere și înțelegere.

În timpul tratamentelor Reiki puteți folosi acest parfum pentru a crea o atmosferă plăcută chiar de la începutul ședinței. Învăluit în mireasma de santal, pacientul se va deschide mult mai uşor în fața energiei Reiki, uitând de blocajele sale. Cu alte cuvinte, santalul trezeşte încrederea, care trebuie justificată însă de comportamentul dumneavoastră. Esența de santal poate fi folosită inclusiv în cazul aplicațiilor specifice foarte intense, de pildă la tratarea *chakra*-elor sau la relaxarea musculaturii. Uleiul de santal creează o atmosferă de încredere reciprocă, asigurând inclusiv o mai bună comunicare cu pacientul. Sub influența sa, puțini oameni vor fi dispuşi să interpreteze greşit cuvintele dumneavoastră.

Aplicații practice ale uleiurilor esențiale

Pentru aplicații locale, puteți amesteca uleiul esențial folosit (atenție la calitatea acestuia; uleiurile sintetice pot provoca boli în anumite circumstanțe), într-o proporție de 1:20, cu ulei de migdale. Dacă veți scutura acest amestec de zece ori, îl veți ridica la potența 1, la fel ca în homeopatie. Efectul său va deveni astfel mai puternic şi mai profund, dar mai blând decât dacă este folosit în stare simplă.

Uleiurile pot fi folosite local pentru tratarea *chakra*-elor, a blocajelor emoționale, a tensiunilor etc. Sunt foarte eficiente dacă sunt aplicate pe zonele reflexe de la nivelul palmelor şi al tălpilor. Pentru a aplica local un ulei esențial, turnați câteva picături pe degetul mijlociu şi pe arătător, şi frecați cu ele zona pe care doriți să o tratați, în sens invers acelor de ceasornic, cu mişcări circulare blânde, care se transformă treptat într-o spirală ce avansează către punctul central.

O altă posibilitate constă în a folosi un vas de aromaterapie în camera în care țineți şedința de Reiki, turnând în el uleiul dorit. În acest caz trebuie să folosiți câteva picături de ulei esențial pur, amestecându-le cu apa din vas. În cazul miresmelor de santal şi de paciuli puteți folosi bețişoare parfumate, dar acestea trebuie să fie de bună calitate, confecționate din plante naturale.

Dacă doriți să vă petreceți o zi întreagă scufundat în vibrația unui anumit ulei esențial, picurați câteva picături pe o bucată de vată sau pe un şervețel de hârtie. Înfăşurați bucata de vată sau şervețelul (tot în vată sau într-un alt şervețel) şi purtați la gât acest pachețel plăcut mirositor, într-un ambalaj corespunzător, legat cu piele sau cu mătase (în niciun caz cu un lănțişor de metal!). Această metodă indirectă păstrează mai mult timp mireasma şi vibrația uleiului esențial în aura dumneavoastră decât în cazul picăturilor aplicate direct pe piele.

Rezumat

Reiki şi mirosurile parfumate

Iarba Sfântului Ioan: trezeşte pofta de viață şi curiozitatea naturală a „copilului interior”.

Paciuli: trezeşte plăcerea experiențelor senzuale şi bucuria de a percepe lumea din jur.

Lavanda: se recomandă cu deosebire oamenilor suprasensibili. Întăreşte funcția de protecție a aurei; creează un climat de securitate prin distanțare.

Lămâiță: tonic foarte puternic; elimină instabilitatea organică; asigură puterea necesară pentru a folosi energia eliberată în urma tratamentului.

Santal: este „mama” plină de căldură a esențelor parfumate; evocă o atmosferă de încredere reciprocă şi facilitează comunicarea.

Capitolul unsprezece

REIKI ŞI MEDITAŢIA

Încă din cele mai vechi timpuri, meditaţia în toate formele a reprezentat un instrument extrem de eficient al cunoaşterii de sine. Aplicând diferite metode de contemplare, adeptul care meditează urmăreşte să îşi reveleze Sinele superior, adică să îşi experimenteze conştient adevărata fiinţă. În esenţă, succesul în practica meditaţiei are la bază două principii: cel al detaşării şi cel al non-acţiunii. De altfel, cele două principii sunt complementare, căci non-acţiunea conduce la detaşare. Conştiinţa nu poate fi eliberată de conţinutul său dacă eşti tot timpul în acţiune. Pauzele în vederea meditaţiei permit acest proces, care conduce apoi la detaşarea de realitatea exterioară. Complementaritatea celor două principii funcţionează şi invers: detaşarea reprezintă o condiţie esenţială în vederea non-acţiunii. Non-acţiunea nu se poate dezvolta liber dacă nu renunţi la dorinţa de a acţiona cu orice preţ (determinată de teama de a nu fi inactiv). Pare complicat, nu-i aşa? Cum putem rezolva această dilemă? Altfel spus, cum putem medita cu succes?

Este foarte simplu: printr-o acceptare plină de iubire şi de bucurie. Dacă observaţi în timpul meditaţiei că mintea dumneavoastră este deja foarte ocupată gândindu-se cum să redecoreze apartamentul (spre exemplu), nu vă cramponaţi de aceste gânduri, dar nici de ideea că trebuie să renunţaţi cu orice preţ la ele. Limitaţi-vă să vă relaxaţi. Urmăriţi să realizaţi că sunteţi implicat în necesităţile vieţii de zi cu zi şi că nu puteţi renunţa spontan la aceste lucruri, care au o importanţă atât de mare pentru dumneavoastră. Chiar dacă atenţia dumneavoastră continuă să o ia razna din când în când, nu vă pedepsiţi singur. Renunţaţi la dorinţa de putere, recunoscându-i în mod conştient existenţa. Evident, orice om doreşte să păstreze controlul asupra vieţii sale. Încercaţi să înţelegeţi această dorinţă, conştientizând temerile care stau la baza ei: teama ca viaţa dumneavoastră să nu se transforme într-o catastrofă dacă nu vă păstrați controlul asupra ei; teama ca soțul sau soția să nu vă părăsească dacă nu faceți ceea ce vă cere; ca să nu mai vorbim de celelalte gânduri oribile care apar de regulă ca urmare a iluziei că suntem „separați" de lumea din jur.

Dacă poziția în care vă aflați generează dureri de spate, percepeți durerea și conștientizați faptul că mușchii care vă susțin trupul sunt pe cale să își epuizeze rezervele de energie. Simțiți

Fig. 37: Meditația Reiki – exercițiul I

nevoia să deschideți din nou ochii și să redeveniți conștient de lumea din jur, să vă continuați activitățile pe care le-ați întrerupt? Nu renunțați încă la meditație: conștientizați această stare de agitație și încercați să-i depistați rădăcinile fizice și psihice. Nu o reprimați. Dimpotrivă, acordați-i atenția cuvenită, căci și ea face parte integrantă din ființa dumneavoastră.

Ce credeți, merită mai mult să vă ocupați în momentul de față de pisica dumneavoastră, să discutați cu soțul sau cu soția – sau să vă concentrați asupra propriei dumneavoastră ființe? Orice motive v-ar prezenta mintea, urmăriți temerile care stau la baza lor. Aceasta este întreaga esență a meditației. Dacă ați făcut și până acum acest lucru, puteți spune că ați meditat serios de ceva vreme încoace!

Reiki susține într-un mod cât se poate de eficient procesul de concentrare asupra Sinelui, generând o relaxare profundă și starea de detașare care este asociată de regulă cu aceasta. Cu greu poți evita intrarea într-o stare de meditație atunci când urmărești fluxul energetic și când stabilești un contact calm cu propriul tău corp, mai ales dacă ținem cont și de efectele energiei Reiki asupra acestuia. Cel mai important lucru este să vă acordați un anumit timp pentru a medita. Dacă acele părți ale Sinelui care vă sperie ies la suprafață, intrând în lumina conștiinței, energia Reiki vă va ajuta să le acceptați plin de iubire și de înțelegere, integrându-le apoi energia atât de prețioasă în ființa dumneavoastră. Numai după acest fenomen se poate produce trecerea definitivă de la procesul de analiză (observator-obiect-observație) la cel de sinteză (integrarea printr-o acceptare plină de iubire, care transcende rațiunea logică).

În continuare vă voi prezenta câteva exerciții de meditație pe care le consider deosebit de utile în combinație cu Reiki.

Meditația Reiki – Exercițiul I

Așezați-vă culcat pe spate, cu genunchii îndoiți și lăsați în jos pe laterală. Lipiți strâns tălpile, astfel încât atingerea lor să fie cât mai completă. Uniți apoi palmele în poziția de rugăciune, în dreptul inimii. Puteți practica acest exercițiu de meditație inclusiv în poziție şezând, sprijinit de spătarul unui scaun sau de un zid. (vezi Figura 37: „Meditația Reiki – Exercițiul I")

Ce se întâmplă în timpul acestui exercițiu?

Unirea *chakra*-elor minore de la nivelul palmelor şi tălpilor închide circuitul energetic al corpului. Energia Reiki se poate pune astfel în mişcare, pornind din zonele reflexe ale palmelor şi ajungând în toate zonele corporale deficitare în energie vitală. Treptat, ea începe să curgă din ce în ce mai abundent, fiind absorbită inclusiv prin *chakra* coronară, de unde se îndreaptă către plexul solar, iar apoi este direcționată către *chakra*-ele din palme prin intermediul centrului inimii. De aici, ea se răspândeşte prin meridianele energetice către toate zonele corporale care necesită un supliment de energie vitală.

O altă modalitate de răspândire a energiei Reiki este direct prin brațe. Pentru a putea curge liber, ea trebuie să elibereze mai întâi blocajele pe care le întâlneşte în cale (sau cel puțin să îşi creeze o breşă prin care să treacă). Dacă veți practica regulat acest exercițiu de meditație, veți începe să simțiți trecerea din ce în ce mai intensă a energiei prin brațe, generând senzații plăcute, de furnicături, în toate zonele în care ajunge.

În acest fel, atenția dumneavoastră va deveni din ce în ce mai focalizată asupra trupului, dar şi a Sinelui real. De-a lungul acestui proces, energia Reiki eliberează blocajele, umplând locurile respective cu o stare de iubire şi căldură, şi dându-vă astfel sentimentul unității; da, sunteți acceptat.

Deşi este suficient de puternic în sine, acest exercițiu poate fi împins chiar mai departe prin intonarea *mantra*-ei AUM. Acest cuvânt sanscrit de putere înseamnă „aceasta este realitatea". Intonarea lui creează în corp o vibrație specială; corpul devine un fel de rezonator al energiei acestui cuvânt sacru. Vocalele AU (se pronunță aproape ca O) dinamizează cel de-al treilea ochi. Împreună cu consoana nazală M, *mantra* permite conştientizarea ambilor poli ai ființei: cerul şi pământul, forțele *yin* şi *yang*. Această stare de conştientizare sporită vă permite apoi să vă acceptați mult mai uşor. Vă puteți simți direct ființa, direcționându-vă astfel atenția către ambii poli ai Sinelui suprem. Această curgere a energiei vieții către cei doi poli ai ființei amplifică în mod natural limitele percepției de sine, care poate ajunge până la zone pe care nu le-ați cunoscut până acum. Posibilitățile expresiei creatoare se extind. Vă veți deschide astfel către mai multă energie și pofta dumneavoastră de viață se va amplifica.

În timpul acestui exercițiu, respirația ar trebui să fie abdominală. La început, practicați meditația timp de trei minute. După ce vă obișnuiți cu ea, măriți gradat durata (fără să vă grăbiți însă). Tibetanii consideră că omul poate realiza starea sa de unitate cu universul prin incantarea continuă a *mantra*-ei AUM.

Meditația Reiki – Exercițiul II

Acest exercițiu vă focalizează atenția către starea de centrare în corp, făcându-vă astfel conștient de puterea pe care o aveți. Fluxul energiei Reiki întărește *chakra* rădăcinii, elimină blocajele la nivelul picioarelor și pelvisului, și fortifică funcțiile și calitățile energetice ale aurei. Ea atinge toate zonele corporale, pe care le armonizează prin intermediul meridianelor și al zonelor reflexe de la nivelul tălpilor. De aceea, această metodă este cu deosebire recomandată celor care suferă de migrene frecvente și de blocaje energetice în jumătatea superioară a corpului.

Așezați-vă în genunchi, pe o suprafață moale și netedă, cu picioarele ceva mai distanțate decât lățimea umerilor. În continuare, lipiți palmele de tălpile picioarelor și lăsați-vă cât mai mult pe spate (până când atingeți solul cu trunchiul). Exercițiul este la fel de eficient și dacă nu vă lăsați pe spate. Important este să acoperiți degetele mari de la picioare și centrul curburii tălpilor cu palmele întinse (vezi ilustrația). La început, rămâneți în această postură timp de cinci minute. Când vă obișnuiți cu ea, măriți treptat durata.

O altă variantă a acestui exercițiu constă în așezarea în genunchi, cu spatele drept. Împingeți pelvisul înainte și lăsați capul pe spate, atingând cu palmele tălpile picioarelor (ca în Figura 38). Exercițiul este extrem de eficient pentru vindecarea *chakra*-elor, dar generează anumite tensiuni la început. De aceea, este bine să începeți cu o jumătate de minut și să creșteți gradat durata.

După meditație, se recomandă să vă aplecați în față, până când fața și trunchiul se lipesc de sol, cu brațele orientate paralel pe lângă corp. Mențineți această poziție timp de câteva minute, apoi ridicați-vă lent.

Fig. 38: Meditația Reiki – Exercițiul II

Meditația Reiki cu un partener – Exercițiul III

Acest exercițiu trebuie practicat împreună cu un partener, de preferință cineva care a devenit deja un canal pentru energia Reiki. El vă va ajuta să experimentați ființa partenerului pe un nivel al realității care depăşeşte orice imaginație. Veți învăța astfel să vă acceptați reciproc, într-o manieră profundă şi plină de iubire, dublată de o mai mare înțelegere.

Exercițiul este ideal pentru cuplurile îndrăgostite, deschizând dimensiuni noi în relația amoroasă. Se recomandă să fie practicat înainte de culcare, sau ori de câte ori doriți să stați unul lângă celălalt, într-o apropiere plină de afecțiune. Trezeşte acea încredere profundă fără de care sexul şi senzualitatea nu pot fi savurate plenar. În plus, alimentează toate regiunile corpului cu energie Reiki.

Aşezați-vă față în față pe o suprafață moale şi netedă. Depărtați picioarele ceva mai mult de lățimea umerilor şi ridicați genunchii. Apropiați-vă suficient de mult pentru ca unul dintre dumneavoastră să îşi treacă picioarele peste cele ale partenerului. În continuare, lipiți-vă palmele (ca în figura 39).

Energiile personale şi energia Reiki încep astfel să circule între dumneavoastră şi partenerul dumneavoastră, devenind din ce în ce mai intense (într-o măsură mult mai mare decât dacă ați cumula cele două energii). Simțiți că partenerul dumneavoastră se află în interiorul ființei dumneavoastră. Lăsați energia Reiki să curgă prin dumneavoastră. Simțiți-i rezonanța, dar şi căldura generată de prezența partenerului. Dacă veți practica această meditație o perioadă suficient de lungă de timp, ea va conduce la o stare de ataşament emoțional greu de experimentat în realitatea de zi cu zi.

Dacă doriți, puteți intensifica şi mai mult experiența, intonând *mantra* AUM. Chiar dacă veți începe separat, cele două incantații vor deveni în curând una, odată cu fuziunea respirațiilor dumneavoastră, care reflectă unificarea celor două vibrații personale pe o frecvență unică, superioară. Procesul ilustrează adevărata funcție a unui parteneriat de cuplu aici, pe pământ. El vă permite să vă conştientizați iubirea şi ataşamentul

Fig. 39: Meditația Reiki alături de un partener – Exercițiul III

față de partenerul sau partenera de viață, dar și sprijinul său pe calea comună către Unitate.

Acest exercițiu nu poate dura mai puțin de cinci minute (acesta este minimul absolut!). Detașarea și scufundarea în sine, dar și fuziunea cu ființa partenerului, necesită un anumit timp. Acest proces nu poate fi realizat în grabă; de aceea, cel mai bine este să prelungiți exercițiul la cel puțin 15-30 de minute. Practicați-l o dată sau de două ori pe săptămână și savurați-l la maxim. Vă asigur că va merita.

Meditația Reiki în grup – Exercițiul IV

Acest exercițiu de grup este o variantă a celebrului Cerc al Energiei. Numărul participanților trebuie să fie de cel puțin doi, dar în grupurile mai numeroase efectele sunt mult mai puternice.

Așezați-vă în cerc și prindeți-vă de mâini. Mâna stângă (aspectul *yin* al corpului) trebuie ținută cu palma în sus, iar cea dreaptă (aspectul *yang)* cu palma în jos. Conexiunea circuitelor energetice este mult mai puternică dacă palmele sunt suprapuse.

Picioarele trebuie depărtate la o distanță egală cu lățimea umerilor. Începeți prin a vă conștientiza picioarele și legătura tălpilor cu solul. Picioarele trebuie să fie relaxate, cu genunchii ușor îndoiți (nu drepte și rigide). Relaxați zona pelvisului și poziționați-o direct sub trunchi, astfel încât energia să se poată ridica nestingherită din *chakra* rădăcinii. Capul trebuie ținut drept, ca și cum ar fi tras în sus de o frânghie atașată de creștet. Conștientizați fluxul energetic prin corp. Lăsați-vă în voia senzațiilor pe care le experimentați. Percepeți mâinile vecinilor și conștientizați circuitul energetic care trece prin ele.

Această meditație în grup poate fi intensificată prin recitarea *mantra*-ei AUM. Atotputernica vibrație a acestei vocale m-a impresionat întotdeauna, în special atunci când corpul meu devine un rezonator al acceptării necondiționate și pline de iubire.

Exercițiul poate fi practicat inclusiv în scopul vindecării. După ce ați susținut o vreme circuitul energetic, un membru al grupului poate conduce următoarea vizualizare: „Imaginați-vă o lumină alb strălucitoare care coboară asupra dumneavoastră prin *chakra* coronară. Ea se îndreaptă către inimă, de unde emană o energie vindecătoare către centrul cercului. Toate razele energetice se întâlnesc în acest punct, dând naștere unei sfere luminoase de energie divină". Odată formată această sferă, puteți proiecta în mijlocul cercului imaginea persoanelor care trebuie să beneficieze de vibrațiile ei vindecătoare, prin simpla rostire a numelui lor. Ele vor primi astfel întreaga energie vindecătoare de care au nevoie pentru moment, din perspectiva divină. Puteți proiecta în mijlocul sferei vindecătoare inclusiv imagini ale altor ființe, cum ar fi animalele dumneavoastră de casă sau plantele. La sfârșit, proiectați întregul pământ-mamă în mijlocul cercului, inclusiv persoana dumneavoastră. Deschideți-vă cât mai mult în fața acestei energii vindecătoare a iubirii. Lăsați-vă inundat de ea și acceptați transformarea umbrelor din ființa dumneavoastră în lumină strălucitoare. „Simțiți energia...".

Participanții pot rămâne în această stare de lumină oricât timp doresc. În final, ei își iau rămas bun de la ființele pe care le-au invocat pentru vindecare, și dacă doresc le pot binecuvânta. Revin apoi la conștiința fizică, vizualizându-și trupul și deschizând încet ochii. Cercul energetic poate fi acum dizolvat. Înainte de retragerea mâinilor, cei care doresc pot să ofere mulțumiri celor din jur, lui Dumnezeu și lor înșile, pentru frumoasa experiență de care au avut parte.

Ori de câte ori iau parte la un asemenea grup vindecător, la sfârșit îmi place să mă odihnesc o vreme culcat pe spate, pentru a mă reculege. Alții preferă să râdă, să facă glume sau să-și exprime în alt fel bucuria.

Rezumat

Reiki și meditația

Exercițiul I: accelerează creșterea personală; dezvoltă capacitatea acceptării pline de iubire (care corespunde vibrației cuarțului roz); atitudinea mentală cultivată în timpul meditației poate fi păstrată și în timpul zilei; dezvoltă percepția de sine (în special în asociere cu *mantra* AUM); elimină treptat și armonios blocajele energetice și stresul. Durata exercițiului nu trebuie să fie mai mică de trei minute. Pe măsură ce vă obișnuiți, o puteți mări.

Exercițiul II: accelerează creșterea personală; alimentează cu energie *chakra* rădăcinii, asigurând astfel mai buna centrare a conștiinței corporale; creează o anumită distanță și reduce astfel sensibilitatea exagerată (din acest punct de vedere, corespunde mirosului de lavandă). Durata exercițiului nu trebuie să fie mai mică de trei minute. Pe măsură ce vă obișnuiți, o puteți mări. Se recomandă cu deosebire pentru vindecarea *chakra*-elor.

Exercițiul III: permite aprofundarea relațiilor pe nivelul emoțional; elimină blocajele energetice la nivelul celui de-al treilea ochi și în regiunea pelviană; permite experimentarea stării de fuziune cu un partener şi ridicarea vibraţiei personale; dinamizează *chakra* gâtului. Se recomandă să conştientizaţi cu deosebire temerile de apropierea fizică. Dacă acestea nu sunt eliminate în timpul exerciţiului, se recomandă să apelaţi la un consilier psihoterapeutic (nu încercaţi niciodată să forţaţi lucrurile!). Durata exerciţiului nu trebuie să fie mai mică de cinci minute, dar este de preferat să depăşească cincisprezece minute.

Exerciţiul IV: dezvoltă conştiinţa de grup; deschide *chakra* inimii; permite experimentarea fuziunii cu celelalte aspecte ale creaţiei; ridică frecvenţa vibraţiei personale; activează forţele vindecătoare ale corpului. Se recomandă să fiţi atenţi cu deosebire la temerile legate de apropierea fizică; deşi acestea se manifestă rareori într-un cerc energetic, nu trebuie să uitaţi că vă aflaţi în imediata apropiere a mai multor persoane şi că veţi rămâne astfel o perioadă mai lungă de timp. Durata exerciţiului nu trebuie să fie mai mică de cinci minute, dar este preferabil să depăşească zece minute.

Capitolul doisprezece

REIKI ŞI MEDICAMENTELE

Dat fiind că energia Reiki poate fi transferată inclusiv ca măsură de sprijin în cazul bolilor grave, cu mari beneficii pentru pacienţi, este bine să înţelegem ce se întâmplă în cazul interacţiunii ei cu medicamentele.

De aceea, am adunat o serie de mărturii ale unor practicanţi Reiki şi terapeuţi naturişti în această privinţă, alături de care voi include şi propriile mele observaţii. Relatările nu sunt exhaustive, aşa că merită uneori să le verificaţi printr-o serie de analize. Pe de altă parte, nu este necesar să aşteptaţi neapărat rezultatul analizelor pentru a continua şedinţele Reiki, căci cunoaşterea acumulată până în prezent oferă suficiente linii directoare referitoare la felul în care trebuie folosită energia Reiki în asociere cu medicamentele.

Unul din principalele efecte ale energiei Reiki se referă la faptul că sprijină toate procesele vitale. Ea stimulează metabolismul şi accelerează procesul de detoxificare. Induce o stare de relaxare profundă la nivelul întregului corp, sprijinind astfel receptivitatea organismului la toate nivelele. Ţinând cont de toate aceste premise, este evident că Reiki trebuie să aibă efecte inclusiv asupra medicaţiei.

Medicamentele chimice (alopate)

Experienţa confirmă faptul că Reiki reduce efectul otrăvitor al medicamentelor alopate asupra organismului (prin diminuarea efectelor secundare ale acestora, în funcţie de puterea şi durata tratamentului Reiki). Pe de altă parte, el amplifică receptivitatea, ceea ce înseamnă că dacă este aplicat înainte de luarea medicamentului, poate fi ingerată o doză mai mică din acesta pentru a obţine acelaşi efect. Evident, şi acest lucru depinde de durata şi intensitatea tratamentelor Reiki anterioare. Acest efect trebuie luat în considerare inclusiv în ceea ce priveşte analgezicele şi anestezicele care trebuie menţinute la un nivel constant în interiorul corpului. Există anestezice locale (cum este cazul celor dentare) care conţin substanţe speciale ce îngustează vasele de sânge, păstrând astfel substanţa anestezică în zona în care a fost injectată o perioadă mai lungă de timp. Dată fiind starea de relaxare profundă pe care o induce Reiki, el va contracara efectul anestezicului.

La cursurile de Reiki de gradul doi, instructorii îi sfătuiesc pe participanţi să nu aplice niciodată tratamentul la distanţă asupra pacienţilor care se pregătesc pentru o operaţie, căci aceştia s-ar putea trezi prematur de sub efectul anestezicului. Acelaşi lucru este valabil şi în cazul tratamentului Reiki de gradul întâi.

Cu ajutorul Reiki, anestezicele şi injecţiile pot fi eliminate mai armonios din sistem după ce şi-au produs efectele. Dacă după o operaţie se administrează analgezice puternice, tratamentul integral al corpului trebuie evitat, aplicând Reiki numai local, asupra regiunii operate şi a organelor aflate sub presiune (de pildă, asupra rinichilor şi ficatului, care trebuie să dreneze substanţele chimice ingerate, pe care le percep ca toxine). Am remarcat totuşi că efectul analgezicelor care acţionează asupra întregului corp nu este diminuat prin Reiki. Pe de altă parte, Reiki blochează sau uşurează el însuşi durerile traumatice. Puteţi aplica tratamentul Reiki inclusiv asupra nodulilor limfatici aflaţi sub presiune.

În cazul unor dureri minore, Reiki este de preferat substanţelor anestezice. Durerile de cap şi rănile minore, muşcăturile de insecte şi anumite dureri de dinţi pot fi tratate în acest fel, fără a mai recurge la medicamente farmaceutice.

Aceeaşi atenţie trebuie acordată şi medicamentelor care nu sunt eficiente decât dacă sunt menţinute tot timpul în sânge într-o anumită cantitate, cum sunt anticoagulantele şi stimulentele cardiace.

Toate rapoartele pe care le-am auzit în legătură cu aplicarea tratamentului Reiki înainte şi după chimioterapie sunt extrem de pozitive. Totuşi, tratamentul integral al corpului trebuie evitat în decursul acestui proces, cu excepţia cazului în care medicul chimioterapeut, care cunoaşte cel mai bine efectele medicamentelor administrate, este de acord cu el. Dacă medicul este deschis la minte, el poate accepta o anumită combinație între Reiki și medicamentele alopate.

Singurul care oferă suficientă energie pentru a reduce considerabil efectele negative ale medicamentelor alopate este tratamentul integral intensiv al corpului. Pe de altă parte, ținând cont de faptul că acest tratament nu face decât să stimuleze procesele vieții, este greu de crezut că el va avea drept efect o deteriorare a stării de sănătate a pacientului. Indiciile de mai sus au avut menirea exclusivă de a clarifica efectele potențiale ale tratamentului Reiki asupra medicației alopate. În niciun caz nu trebuie să ajungeți la concluzia că ele pot provoca vreodată dezechilibre durabile sau grave.

Fitoterapia (medicina cu ajutorul plantelor)

Dacă în tratarea unei anumite boli sunt folosite holistic plante medicinale, Reiki le amplifică eficacitatea și accelerează procesul de vindecare. Ingerarea capsulelor care conțin extracte izolate din plante, golite de forța vitală a acestora, sau a remediilor sintetice este echivalentă cu medicația alopatică.

Homeopatia

Remediile homeopatice au un efect regulator asupra tuturor disfuncțiilor organismului, atât la nivel fizic cât și la nivel mental. Dacă sunt administrate în conformitate cu principiile homeopatice, efectele lor sunt absolut holistice! De aceea, Reiki le amplifică efectele și poate ușura reacțiile negative inițiale, reducându-le intensitatea și durata de manifestare. În cazul tratamentului cu substanțe pentru detoxificare, precum Sulful, Fluorura de magneziu, Reiki contribuie la reducerea efectelor secundare ale acestui proces. Pe de altă parte, aplicațiile specifice asupra sistemului limfatic și a organelor de eliminare pot preveni acumularea de tensiuni la aceste nivele, asigurând astfel o vindecare mai blândă.

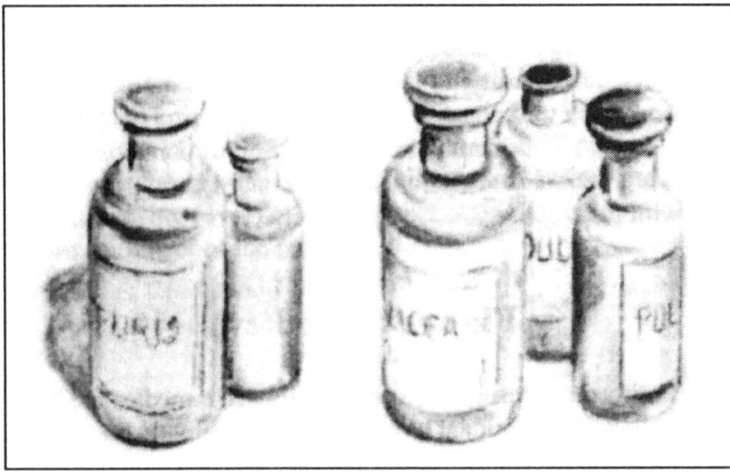

Fig. 40: Reiki şi medicamentele

Dacă remediile homeopatice de potenţă mică (până la D6, în funcţie de substanţă) sunt administrate în doze mari, aplicaţiile Reiki (în special tratamentul integral al corpului) stabilizează nivelul lor în sânge, accelerând eliminarea substanţelor pe care corpul le percepe ca toxine. De aceea, dacă se doreşte obţinerea unui efect substanţial, tratamentul Reiki complementar trebuie să ţină cont de acest efect.

Adeseori, Reiki amplifică receptivitatea organismului la remediile homeopatice, lucru valabil cu atât mai mult cu cât aplicaţiile sunt mai frecvente. În timp, prescripţiile tind către potenţe din ce în ce mai mari, dozele mari de substanţe de origine animală fiind înlocuite cu doze din ce în ce mai mici de substanţe minerale şi metalice. După tratamentele prelungite de Reiki, simptomele apar de regulă în forme mult mai clare.

Una din limitele homeopatiei este legată de incapacitatea organismului de a se auto-vindeca, deoarece îi lipseşte energia. În acest caz, tratamentul integral al corpului prin Reiki şi aplicaţiile locale asupra *chakra*-ei rădăcinii pot avea un rol decisiv.

După un tratament homeopatic prelungit, tratamentul Reiki poate fi aplicat împreună cu remediile corespondente pentru a întări organismul, scurtând astfel perioada de convalescenţă.

Terapia spagirică

Această metodă terapeutică foloseşte principiile şi tehnicile alchimice în producerea remediilor. Sistemul de prescriere a acestor remedii seamănă într-o oarecare măsură cu cel homeopatic şi cu cel fitoterapeutic, dar nu poate fi explicat prin principiile care stau la baza acestor metode de tratament.

Metoda spagirică are un efect holistic numai dacă remediile sunt produse şi administrate în conformitate cu principiile specifice acestei metode. Din rapoartele pe care le-am primit rezultă că perioada de aplicare şi dozele necesare sunt considerabil reduse dacă tratamentul este dublat de şedinţe Reiki. La fel ca în cazul homeopatiei, terapiile de detoxificare pot fi de asemenea susţinute prin Reiki, efectele remediilor spagirice crescând dramatic.

Remediile florale

Remediile florale ale lui Bach, cele californiene sau australiene şi cele locale sunt foarte eficiente pe nivelele înalte de vibraţie. Ele sunt absolut holistice, motiv pentru care se combină perfect cu Reiki.

Încărcarea remediilor florale cu energie Reiki le amplifică eficacitatea. Sistemul Verana foloseşte în plus şi terapia prin lumină solară, păstrând remediile în vase acoperite cu folii de diferite culori.

Una din problemele care apar în cazul folosirii remediilor florale se referă la faptul că pacientul trebuie să fie în rezonanţă cu înaltele vibraţii ale acestora dacă doreşte să beneficieze de acţiunea lor plenară. Aplicat regulat, tratamentul integral al corpului prin Reiki, înainte şi după luarea remediului, poate ajuta pacientul să se deschidă în faţa acestor vibraţii înalte. O altă posibilitate constă în aplicaţiile Reiki asupra *chakra*-elor asupra cărora acţionează remediile florale.

Rezumat

Reiki şi medicamentele

Medicina alopatică: nu practicaţi niciodată Reiki în caz de anestezie. Acest lucru nu este permis, indiferent de circumstanţe. Manifestaţi o atenţie sporită în cazul analgezicelor şi al medicamentelor care trebuie menţinute la un nivel constant în sânge (cum sunt anticoagulantele şi stimulentele cardiace). În toate cazurile, Reiki reduce efectele secundare negative ale tratamentelor alopatice.

Fitoterapie: Reiki amplifică efectele pozitive ale acestei terapii, dar trebuie să fiţi atenţi la capsulele cu extracte izolate din plante (caz în care se aplică aceleaşi restricţii ca şi în cazul medicamentelor alopatice).

Homeopatie: Reiki amplifică efectele pozitive ale acestei terapii şi receptivitatea organismului la ele. Sprijină terapiile de detoxificare şi are un efect întăritor, contribuind la reducerea dozelor şi la înlocuirea remediilor pe bază de produse animaliere cu cele pe bază de minerale.

Terapia spagirică: la fel ca în cazul homeopatiei, încărcarea remediilor cu energie Reiki le amplifică efectele pozitive.

Remediile florale: la fel ca în cazul terapiei spagirice, Reiki aplicat înainte şi după administrarea remediilor amplifică receptivitatea organismului la vibraţiile acestora.

Capitolul treisprezece

APLICAREA TRATAMENTULUI REIKI ÎN CAZUL PLANTELOR ŞI ANIMALELOR

Aşa cum este uşor de bănuit, energia Reiki nu este valabilă numai în cazul oamenilor. Animalele şi plantele pot beneficia la rândul lor de pe urma ei, bucurându-se de efectele ei pozitive. Desigur, tratamentul Reiki aplicat animalelor va diferi într-o oarecare măsură de cel aplicat oamenilor. Iată câteva indicii în această direcţie.

Tratamentul Reiki aplicat plantelor

Date fiind dimensiunile lor foarte variate, de la câţiva milimetri (în cazul seminţelor) până la câteva sute de metri (în cazul copacilor sequoia), durata şedinţelor de tratament diferă de la caz la caz. Experienţa a arătat că 2-3 minute pentru seminţe şi 5-10 minute pentru plantele de apartament sunt în general suficiente. În multe cazuri, plantele mai mari nu pot fi ajutate prin tratamentul Reiki de gradul întâi. Tratamentul de gradul doi se potriveşte mult mai bine în cazul lor, întrucât energia Reiki poate fi transferată în acest fel foarte simplu şi foarte rapid. Această formă de tratament poate fi aplicată inclusiv în cazul unor păduri întregi. Dacă doriţi să încărcaţi cu energie Reiki plante mai mari sau o întreagă grădină, cea mai simplă metodă constă în a încărca apa cu care le udaţi. După părerea mea, 1-2 minute pentru o jumătate de litru de apă sunt suficiente. Eficienţa încărcării cu energie poate fi măsurată cu ajutorul pendulului; dacă acesta nu mai prezintă dovada unor vibraţii negative, înseamnă că puteţi folosi apa.

Trebuie să aveţi întotdeauna grijă să trataţi inclusiv rădăcinile plantelor, nu numai frunzele lor. Putrezirea rădăcinilor poate fi prevenită în acest fel, iar în anumite cazuri chiar vindecată. Aplicarea regulată a tratamentului Reiki asupra rădăcinilor încurajează plantele resădite să îşi extindă rădăcinile în noul sol şi să se adapteze la mediu.

Fig. 41: Reiki şi plantele de apartament

Reiki şi bolile plantelor

Bolile plantelor pot fi tratate eficient prin Reiki. De regulă, câteva minute de tratament sunt suficiente pentru a amplifica vitalitatea plantelor de apartament, astfel încât acestea să îşi dezvolte o rezistenţă la paraziţi. Ca regulă generală, paraziţii dispar chiar de a doua zi (în urma tratamentului). Ei părăsesc planta şi se retrag în pământ, pe care continuă însă să îl otrăvească cu substanţele pe care le elimină. De aceea, frunzele plantelor tratate trebuie spălate cu cea mai mare atenţie, iar Reiki trebuie aplicat timp de încă 3-4 zile pentru a revitaliza planta. Acest lucru este foarte important, căci în caz contrar, este posibil ca planta să nu reziste în faţa presiunilor generate de reacţiile sale de apărare, îndeosebi în cazul unor infestări abundente.

Meditaţia Reiki cu un copac

Copacii reprezintă nişte tovarăşi de meditaţie minunaţi. Apropiaţi-vă de un copac puternic şi lipiţi-vă palmele de scoarţa lui, sau îmbrăţişaţi-l complet. După o vreme, îi veţi simţi prezenţa puternică şi calmă. În timpul acestui proces, dăruiţi-i energie Reiki, iar el vă va integra în aura sa. Dacă veţi aplica regulat această meditaţie alături de acelaşi copac, este posibil să receptaţi imagini sau alte impresii. Dacă au încredere în dumneavoastră, copacii pot fi nişte sfătuitori minunaţi. Dacă vi se pare că am înnebunit făcând această afirmaţie, tot ce vă pot recomanda este să încercaţi. Veţi rămâne la fel de surprins cum am rămas eu atunci când am stabilit primul meu contact cu un copac.

Reiki şi ploile acide

Îndeosebi în epoca în care trăim ar trebui să ne reamintim tot timpul că nu avem dreptul să ne folosim de lumea exterioară ca de un magazin cu autoservire, convinşi că putem lua orice, căci a doua zi rafturile vor fi din nou umplute. Această atitudine iresponsabilă

Figura 42: Schimb de energie Reiki cu un copac

Fig. 43: Tratament Reiki la distanță pentru sprijinirea pădurilor care mor

a produs deja daune incalculabile. Dacă ați fost inițiați în gradul doi de Reiki, puteți face foarte mult bine ajutând arborii să trăiască (şi să supraviețuiască). Pentru aceasta, descoperiți o pădure în apropiere de casa dumneavoastră şi trimiteți-i în mod regulat energie Reiki, prin tratamentul la distanță. Ar fi şi mai bine dacă v-ați putea asocia în vederea acestui demers cu mai mulți prieteni inițiați şi ei în această formă de tratament. Aceste mici „grupuri de sprijin al arborilor" pot face uneori adevărate miracole. Dacă sunteți interesat de tratarea mediului înconjurător cu ajutorul energiei Reiki, aş fi fericit să îmi trimiteți o notă în această direcție. Dorința mea este să adun aceste adrese şi să îi pun în contact pe oamenii interesați (evident, numai cu consimțământul lor). Dacă aveți deja o experiență legată de această formă de tratament, v-aş rămâne recunoscător să mi-o împărtăşiți. Poate că aş putea-o include în viitoarele ediții ale acestei cărți. Speranța mea este că rețeaua de terapeuți Reiki ai mediului va continua să crească, căci toată lumea ar avea de câştigat.

Reiki şi animalele

Toate animalele adoră energia Reiki. Ele sunt foarte sensibile la ea şi ştiu exact ce părți ale corpului lor au nevoie de această energie. Altfel spus, ele sunt cele care stabilesc durata şi prioritățile unei şedințe de Reiki.

Iată cum se poate derula o şedință tipică de Reiki cu un animal: să spunem că serviți o ceaşcă de ceai cu un prieten. Dintr-o dată, câinele pe care îl aveți în casă vine la dumneavoastră, vă împinge cu botul şi se sprijină de dumneavoastră. Dacă vă aşezați mâinile pe el, el se va poziționa astfel încât palmele dumneavoastră să atingă locul care are nevoie de energie. Dacă animalul devine agitat sau pleacă, şedința de Reiki s-a încheiat.

Aceste tratamente influențează inclusiv relația dumneavoastră cu animalele implicate. Personal, am asistat la naşterea unor adevărate prietenii între oameni şi animale în urma acestor şedințe de Reiki. Animalele îşi pierd rezervele instinctive şi capătă o încredere foarte mare în oameni.

Animalele foarte mari sau cele periculoase nu pot fi încărcate energetic decât prin tratamentul la distanță specific gradului doi de Reiki. Dacă, dintr-un motiv sau altul, acesta nu este posibil, puteți să le încărcați mâncarea sau apa cu energie Reiki. Efectul va fi mai mic decât în cazul tratamentului la distanță, dar dacă tehnica este aplicată o perioadă suficient de lungă de timp, ea le va fi de folos animalelor. Din păcate, hrana animalelor de casă este în cea mai mare parte fabricată industrial, iar apa provine de la robinet. Nici una nici alta nu sunt ideale pentru bunăstarea animalelor. Dacă nu aveți posibilitatea să le oferiți hrană proaspătă şi naturală sau apă de izvor, puteți măcar să le încărcați energetic alimentele. În acest fel, veți reduce efectele toxice, iar hrana va putea fi digerată mai uşor. În treacăt fie spus, acelaşi lucru este valabil şi pentru propria dumneavoastră alimentație.

Reiki şi caii

Am aflat de la o prietenă care aplică terapiile naturiste animalelor că anumite boli, precum colicile, pot fi foarte rapid vindecate la cai cu ajutorul energiei Reiki. Dacă aceasta este oferită alături de alte remedii homeopatice, durerile pot dispărea chiar şi într-un sfert de oră. Tot ce face prietena mea este să îşi aplice palmele pe burta calului, schimbându-le poziţia din când în când.

Reiki şi pisicile

În cazul motanilor de casă, castrarea este de regulă inevitabilă. La rândul lor, multe pisici sunt sterilizate pentru a nu intra tot timpul în călduri, cu toate suferinţele pe care le presupune această stare. Tratamentul Reiki ajută aceşti tovarăşi atât de drăgălaşi ai omului să se adapteze mai bine după operaţie şi le scurtează perioada de convalescenţă. Chiar şi pisicile în călduri se simt mult mai bine dacă li se aplică un tratament Reiki în timpul acestei perioade. Tehnica este şi mai eficientă dacă recitaţi vocala „ooo" din adâncurile stomacului dumneavoastră. Vibraţia acestei vocale corespunde centrului sexual, punând animalul în contact cu energia pe care o doreşte. Metoda nu este însă eficientă decât dacă vocala este rostită din stomac. În caz contrar, ea nu afectează în niciun fel vibraţia celei de-a doua *chakra*. Chiar dacă prietenii dumneavoastră se vor simţi îngrijoraţi auzind sunetele pe care le scoateţi, nu vă faceţi probleme. Mai devreme sau mai târziu, se vor obişnui. Cine ştie, poată că vor adopta chiar ei această metodă, dacă vor vedea că funcţionează.

În esenţă, Reiki produce efecte asupra tuturor fiinţelor din mediul în care trăiţi. Plantele şi animalele se vor simţi bine în prezenţa dumneavoastră şi vă vor întâmpina cu o mai mare încredere. *Chakra*-ele din palme transmit continuu energie aurei dumneavoastră, şi oricine intră în contact cu ea intră automat în contact inclusiv cu energia dumneavoastră Reiki. Atunci când vă veţi afla în prezenţa anumitor plante sau animale, veţi constata că palmele încep să vă furnice. Acest lucru înseamnă că ele absorb o parte din energia dumneavoastră vitală.

În anumite cazuri, animalul nu înțelege de la bun început ce se întâmplă atunci când vă încărcați cu energie Reiki. El sesizează schimbul energetic, dar nu știe ce trebuie să creadă. Veți constata că foarte rapid, va veni la dumneavoastră și vă va linge pe mâini.

Fig. 44: Pisicilor le place Reiki

Rezumat

Reiki, plantele și animalele

Plantele pot beneficia de pe urma tratamentului Reiki aplicat frunzelor și rădăcinilor lor, sau a apei încărcate cu energie Reiki. Pentru a furniza energie unui număr mai mare de plante, puteți aplica metoda tratamentului la distanță specifică gradului doi de Reiki. Plantele mai mici, cele tinere și cele slăbite trebuie tratate la început perioade scurte de timp. Treptat, durata tratamentului poate să crească. În cazul pădurilor afectate de ploile acide, folosiți tratamentul la distanță.

Animalele pot fi tratate direct, cu condiția să nu fie periculoase. Cele foarte mari sau cele periculoase pot fi tratate la distanță, sau prin încărcarea cu energie a hranei şi apei. De regulă, animalele stabilesc singure cât timp doresc să li se aplice tratamentul Reiki şi în ce locuri. Conştientizați acest lucru şi respectați-le decizia. Când o persoană care le este familiară este inițiată în Reiki, animalele sesizează diferența energetică din aura acesteia şi nu ştiu ce să creadă la început. În scurt timp, ele realizează că este o schimbare pozitivă şi se întorc singure la stăpânul lor.

Capitolul paisprezece

POSIBILITĂȚILE GRADELOR DOI ȘI TREI DE REIKI

Gradul doi de Reiki presupune o amplificare a capacității personale pe toate nivelele. Inițierea în acest grad face posibile adevărate miracole, despre care omul obişnuit nu citeşte decât în cărți.

În capitolul de față vă voi dezvălui câteva din lucrurile care devin posibile prin inițierea în gradele doi şi trei de Reiki. Nu voi putea intra însă în prea multe detalii, căci informațiile referitoare la aplicațiile practice nu pot fi transmise decât oral şi nu doresc să încalc această tradiție.

Reiki de gradul doi aduce foarte multă putere. Simbolurile şi tehnicile pe care le aplică nu ar trebui descrise decât celor care lucrează alături de maeştri Reiki bine antrenați.

Fluxul energiei Reiki poate fi amplificat de mai multe ori cu ajutorul acestor tehnici, făcând posibilă inclusiv purificarea obiectelor la nivel energetic. Şedințele devin mai scurte, iar eficacitatea lor creşte.

O altă tehnică specifică gradului doi de Reiki facilitează armonizarea pe nivelul mental şi pe cel emoțional, ceea ce înseamnă că Energia Universală a Vieții poate influența direct subconştientul. Tiparele *karma*-ice, temerile, dependențele şi alte tulburări mentale pot fi influențate astfel într-un sens pozitiv. Puteți încărca de asemenea obiectele neanimate, în special pietrele semiprețioase şi anumite metale, cu energie Reiki. Procesele de creştere spirituală sunt de asemenea mult accelerate.

Ultima tehnică predată la cursurile de Reiki de gradul doi este şi cea care oferă posibilitățile cele mai variate. Ea poate trimite energia la distanță şi chiar în perioade diferite de timp. Conexiunea funcționează în ambele sensuri, aşa că după o anumită perioadă de practică, veți putea face un schimb de informații pe această filieră. Puteți purifica energia dintr-o cameră, puteți neutraliza (într-o

Fig. 44: Tratament Reiki de la distanță

oarecare măsură) radiațiile telurice şi puteți transfera energie Reiki în locurile dorite. Puteți face acest lucru inclusiv asupra unei întregi țări, sau chiar asupra întregului pământ. Evident, cantitatea de energie transferată va fi mică, dar dacă un grup foarte mare de oameni inițiați ar face simultan acest lucru, orice ar fi posibil. În toamna anului 1989 a fost coordonată o acțiune de acest fel la nivel mondial, în scopuri politice.

Aceste capacități pot fi folosite pentru a le face bine semenilor dumneavoastră, dar şi pentru propria dumneavoastră sănătate şi dezvoltare spirituală. Spre exemplu, vă puteți aproviziona întregul corp cu energie Reiki prin tratamentul la distanță. Perioada de tratament se reduce în acest caz la numai douăzeci de minute (spre deosebire de tratamentul specific gradului întâi de Reiki, care durează nouăzeci de minute). De asemenea, puteți transmite energie Reiki mai multor oameni simultan.

O altă posibilitate constă în transmiterea energiei Reiki către anumite situaţii cheie din trecut, dizolvând astfel anumite structuri şi deschizând noi posibilităţi de evoluţie.

Deocamdată, voi încheia aici acest subiect. Dacă doriţi să aflaţi mai multe informaţii, contactaţi un maestru Reiki. Dacă vi se pare că ceea ce v-am relatat mai sus este greu de crezut, rugaţi un prieten iniţiat în gradul doi de Reiki să vă transmită energie de la distanţă. Vă veţi convinge astfel singur.

Gradul trei de Reiki

Acesta corespunde gradului de maestru. Cei care sunt iniţiaţi în acest grad îi pot ajuta şi pe alţii să devină canale Reiki, deşi nu ei sunt cei care acţionează direct. Trebuie să înţelegeţi că nici chiar maeştrii Reiki nu sunt altceva decât simple „canale" pentru Energia Universală a Vieţii. Gradul de maestru atrage după sine numeroase procese de transformare; de aceea, iniţierea în acest grad presupune o legătură interioară foarte strânsă cu energia Reiki. Hawaya Takata, Mare Maestru până de curând, obişnuia să exprime acest lucru în următoarele cuvinte: „Dacă sunteţi pregătiţi să renunţaţi la tot pentru a aduce mai multă energie Reiki în această lume, atunci sunteţi pregătiţi pentru a deveni maeştri". Maeştrii Reiki nu depind de niciun grup particular, sunt absolut liberi în acţiunile lor şi în credinţa religioasă pe care o adoptă. Deşi există un Mare Maestru, ei nu sunt subordonaţi acestuia.

Altfel spus, Reiki nu este o sectă sau o biserică, şi nu există un *guru* Reiki care să arate calea. Mesajul energiei Reiki este acela al iubirii şi al libertăţii, nu al dependenţei şi al dogmelor.

Capitolul cincisprezece

RĂSPUNSURI LA ÎNTREBĂRILE CELE MAI FRECVENTE CARE MI-AU FOST PUSE

„De ce nu simt nimic în palme în anumite perioade?”

Explicațiile ar putea fi multiple. Dacă sunteți foarte implicat în activitățile de zi cu zi, este posibil să deveniți mai puțin receptiv la impresiile subtile care provin din mediul înconjurător, fără să vă dați seama de acest lucru. Fluxul de energie Reiki este una din impresiile cele mai subtile. Aşa se face că puteți ajunge să nu-l mai observați deloc, ceea ce nu înseamnă că el nu se produce. De regulă, o anumită perioadă de relaxare este suficientă pentru a vă trezi din nou sensibilitatea şi capacitatea de percepție a acestui flux.

Un alt motiv ar putea fi legat de faptul că abia ați fost inițiat în primul grad de Reiki. Facultățile dumneavoastră de percepție nu au avut în acest caz când să se dezvolte suficient de mult pentru a putea sesiza această energie subtilă. Dacă veți lucra cu regularitate, această situație se va schimba. Acordați-vă timpul de care aveți nevoie şi practicați tehnicile de sensibilizare descrise în capitolul 7.

În sfârşit, motivul ar putea fi legat de faptul că energia chiar nu curge. După cum ştiți, energia Reiki este absorbită direct de recipient. Dacă acesta are un blocaj inconştient sau pur şi simplu nu are nevoie de energie, este posibil ca aceasta să nu curgă. Dacă blocajul este local, puteți trata această regiune corporală prin intermediul zonelor reflexe. Cu cât acestea se află la o distanță mai mare de regiunea afectată, cu atât mai puternic va fi efectul tratamentului.

„Se poate închide vreodată canalul şi poate înceta curgerea fluxului de energie Reiki?”

Nu, acest lucru nu este posibil. Cele patru inițieri succesive permit transformarea ființei într-un canal Reiki şi conectarea ei la această energie divină pentru tot restul vieții. Chiar dacă nu foloseşti energia Reiki timp de 20 de ani la rând (lucru practic imposibil, căci ea începe să curgă ori de câte ori îți aşezi palmele pe o ființă care are nevoie de energie vitală), ea continuă să-ți stea la dispoziție, la fel ca în clipa inițierii. Este însă posibil să nu simți curgerea ei dintr-un motiv sau altul (vezi explicațiile de mai sus).

„Cum se explică faptul că atunci când fac transferul de energie Reiki asupra altcuiva, sunt momente când mi se pare că nu se întâmplă nimic?”

Ceva se întâmplă întotdeauna atunci când energia Reiki este transferată unei alte ființe. Este posibil ca această schimbare să nu fie însă cea pe care o aşteptați dumneavoastră. Reiki acționează întotdeauna în propria sa manieră şi nu poate fi influențată decât în foarte mică măsură. Exemplul următor ilustrează acest lucru: să spunem că doriți să ajutați pe cineva să renunțe la fumat, şi deşi îi faceți un transfer de energie Reiki, nu se întâmplă nimic. În schimb, pacientului dumneavoastră începe subit să-i placă mişcarea fizică şi se apucă de tenis câteva săptămâni mai târziu. Poate că acest lucru era mai important pentru el, în timp ce renunțatul la fumat nu reprezenta o urgență atât de mare pe cât credeați.

În schimb, dacă tratați o boală acută şi nu apar rezultate evidente, ar trebui să consultați de îndată un specialist medical. Fie energia Reiki nu este suficientă pentru a schimba în bine lucrurile, fie pacientul suferă de o altă boală care necesită tratament chirurgical sau de altă natură. Dacă pacientul suferă de dureri puternice şi constante sau are abcese de puroi, el trebuie trimis fără întârziere la medic sau la un terapeut naturist. Transferul de energie Reiki nu anulează în niciun caz măsurile medicale de urgență.

„Are vreo legătură energia Reiki cu vindecarea prin credință?”

Răspunsul la această întrebare nu este deloc simplu. Există atâtea metode de vindecare prin credință, de la „chirurgii şamani” din Brazilia şi până la metodele de vindecare cu ajutorul energiei christice... Toate acestea intră în categoria vindecării prin credință, întrucât operează cu energii subtile care transformă întreaga persoană în decursul procesului de vindecare. Acelaşi lucru îl face şi Reiki, cu mențiunea că vindecarea bolilor fizice nu reprezintă decât un aspect minor al posibilităților pe care le oferă el. Oamenii pot folosi energia Reiki pentru a trăi mai conştienți, pentru a deveni mai receptivi şi mai sensibili, sau pur şi simplu pentru a simți prezența lui Dumnezeu. Spre deosebire de alte metode vindecătoare, Reiki nu reprezintă o simplă tehnică de restaurare a stării de sănătate a bolnavului, ci mai ales un instrument care poate fi folosit de oamenii sănătoşi pentru a-şi amplifica într-o manieră simplă şi durabilă vitalitatea şi capacitatea de a iubi (vezi capitolul 1).

Sper că am răspuns la această întrebare. Vindecarea prin credință reprezintă doar una din numeroasele posibilități pe care le oferă Reiki.

„Soția/mama/fiica/mătuşa mea ar avea atât de mult de beneficiat de pe urma tratamentului Reiki, dar ori de câte ori îi pomenesc de acest lucru, refuză să fie tratată sau inițiată. Ce trebuie să fac: să primesc inițierea în gradul doi de Reiki, astfel încât să o pot trata de la distanță? Nu pot face nimic pentru a-i schimba decizia?

Reiki nu trebuie niciodată aplicat cu forța, împotriva voinței cuiva. La urma urmei, orice om are dreptul să îşi trăiască viața aşa cum crede de cuviință. Nici gradul doi de Reiki nu a fost conceput pentru a fi aplicat împotriva voinței declarate altor persoane. Atunci când spun „voință declarată”, nu înțeleg prin acest lucru că persoana în cauză trebuie să îşi justifice în vreun fel atitudinea în fața dumneavoastră sau că vă datorează vreo explicație, ci mă refer doar la exprimarea clară a dorinţei de a fi tratată sau nu, inclusiv prin gesturi evidente (de pildă, în cazul animalelor).

Acest aspect este deosebit de important pentru cei iniţiaţi în gradul doi de Reiki, căci aceştia pot transmite energia oriunde doresc, fără a intra în contact direct cu beneficiarul ei. Dacă nu puteţi stabili în ce măsură potenţialul beneficiar doreşte sau nu să fie tratat (din motive evidente, de genul comei, stării de inconştienţă, dezechilibrului mental, imposibilităţii de a intra în contact cu el etc.), cel mai bine este să consultaţi un oracol sau să vă folosiţi intuiţia într-o manieră responsabilă.

„De ce sunt atât de scumpe iniţierile în Reiki?"

1. Fiecare grad de Reiki presupune o singură iniţiere, dar efectele ei se manifestă de-a lungul întregii vieţi. De aceea, în termeni relativi, putem vorbi de o cheltuială minimă. Dacă faceţi raportul calitate/preţ, veţi ajunge probabil la concluzia că iniţierile ar trebui să fie chiar mai scumpe.

2. Dat fiind că iniţierea unei persoane nu se produce decât o singură dată, iar maeştrii Reiki trebuie să îşi câştige şi ei traiul, inclusiv să-şi recupereze cheltuielile, Reiki nu poate avea un preţ derizoriu.

3. O iniţiere în Reiki este ceva minunat, dar oamenii pot trăi foarte bine şi fără ea. De aceea, preţul reprezintă un mijloc de triere a celor care îşi doresc cu adevărat acest lucru (şi care nu se vor lăsa descurajaţi de un argument atât de puţin important precum preţul). Orice om care îşi doreşte cu adevărat iniţierea în Reiki, urmărind să îşi dezvolte personalitatea şi fiinţa, va găsi cu siguranţă banii necesari pentru a-şi atinge scopul.

4. În ultimă instanţă, taxele plătite pentru un curs sunt stabilite de piaţă, la fel ca în cazul altor bunuri sau servicii. Nu există un „preţ corect" pentru niciun produs. Un preţ devine justificat dacă un număr suficient de mare de clienţi sunt dispuşi să-l plătească în schimbul unui produs, şi un număr suficient de mare de furnizori sunt dispuşi să ofere produsul în schimbul lui.

5. Reiki reprezintă cu siguranță o valoare, iar oamenii au tendința să adopte o atitudine mai respectuoasă față de lucrurile sau serviciile care costă mai mult. Dat fiind că, după inițiere, Reiki devine parte integrantă din ființa omului, la fel ca celelalte înzestrări ale sale, este de preferat ca el să îl privească de la bun început ca ceva valoros. Majoritatea oamenilor nu își acceptă decât cu mare dificultate acele părți ale propriei ființe care sunt considerate lipsite de valoare. Personal, nu acord decât rareori reduceri la cursurile de Reiki pe care le țin. Hawayo Takata, ultimul Mare Maestru, s-a rezumat să spună un singur lucru în legătură cu acest subiect: „Nu vă târguiți în ceea ce privește energia Reiki!" Aceasta este și părerea mea. Când începi să te târguiești în ceea ce privește energia Reiki, ceva nu este în regulă.

„Te poți folosi de energia palmelor și fără să fi obținut inițierea în Reiki?

Da. În esență, orice om are capacitatea de a transfera energia vieții prin intermediul palmelor; unii mai mult, alții mai puțin. Ceea ce garantează inițierea în Reiki este faptul că energia vitală transmisă nu este cea personală, ci Energia Universală a Vieții. Așa se explică de ce transferul de energie Reiki nu conduce niciodată la oboseală sau devitalizare și de ce nu presupune anumite exerciții pregătitoare în vederea acumulării de energie. Mai mult, inițierea în Reiki include crearea unor mecanisme de protecție (deopotrivă a ta și a pacientului tău) împotriva vibrațiilor negative. În sfârșit, fiecare nouă inițiere multiplică de câteva ori capacitatea de transfer al energiei. Inițierea tradițională în Reiki este însoțită și de alte efecte, dar acestea sunt discutate de-a lungul acestei cărți.

„Este necesară credința în Reiki pentru ca mecanismul de transfer să funcționeze?"

Nu. Energia Reiki este transferată automat ori de câte ori este necesară și acceptată de subconștient. Reiki nu este un fenomen psihologic, la fel ca hipnoza sau sugestia. Efectele sale nu pot fi explicate prin efectul placebo sau prin autosugestie. Energia curge chiar dacă inițiatul nu crede cu convingere în ea. Procesul este automat şi nu necesită niciun fel de condiții prealabile.

„Este Reiki un act de magie?"

Una din definițiile magiei care îmi plac cel mai mult, deşi nu este 100% ştiinţifică, este următoarea: „Magia este arta de a provoca la voință schimbări ale conştiinţei" (Dion Fortune). Din această perspectivă, Reiki nu poate fi privit ca un act de magie, căci procesele care conduc la rafinarea conştiinţei se produc automat, în acord cu propriile lor legi dinamice, neputând fi influențate de voință. Cel care le declanşează este fluxul energiei vieții.

Credința populară defineşte magia astfel: „arta de a folosi forțele naturii pentru a obține rezultate ieşite din comun". Din această perspectivă, putem spune într-adevăr că Reiki este un act de magie. Dacă întrebarea dumneavoastră avea la bază o eventuală frică de magia neagră, vă pot asigura cu toată fermitatea că nu există niciun fel de conexiune între Reiki şi aceasta din urmă.

Esența energiei Reiki este iubirea necondiționată. În schimb, magia neagră se bazează în ultimă instanță pe puterea urii şi a fricii.

„Ce se întâmplă de fapt în momentul inițierii propriu-zise?"

În timpul inițierii, maestrul Reiki acționează ca un canal şi mediator al Energiei Universale a Vieții. Dacă vi se pare un răspuns tras de păr, tot ce vă pot spune este că altul nu există. Contactul maestrului cu forța divină este atât de profund încât el reuşeşte să atingă adeptul până în străfundurile ființei lui, transformându-l pentru totdeauna. Acesta este nivelul pe care se produce eliberarea de vinovăție, condiție absolut necesară pentru a putea deveni un canal al Energiei Universale a Vieții. Aşa se explică – între altele – de ce etapele tradiționale ale inițierii provoacă o amplificare atât de mare a capacității de a iubi și de a evolua în planul conștiinței. Ritualul realizat în vederea inițierii poate fi privit ca o înțelegere cu Dumnezeu pentru deblocarea puterii iubirii vindecătoare.

„Este posibil să faci rău cuiva prin Reiki?"

Nu; nu este. Reiki este iubire pură, iar iubirea nu poate face rău nimănui. Singurele situații în care poți face rău sunt cele în care te lași furat de iluzia că poți vindeca pe oricine cu energia „ta" și când refuzi celelalte măsuri medicale sau de precauție necesare în anumite cazuri de care am vorbit pe larg în această carte. Reiki nu reduce cu nimic responsabilitatea personală pe care o are persoana inițiată față de ea însăși și față de cei care au încredere în ea.

„Energia Reiki nu curge decât dacă mă rog mai întâi și dacă netezesc aura pacientului?"

Reiki curge întotdeauna acolo unde este necesară și acceptată. Nu există alte premise pentru declanșarea fluxului ei. Reiki este un dar al cerului. El nu presupune alte obligații.

„Reiki vindecă orice fel de boală?"

Nu. Reiki poate face foarte multe lucruri, dar nu totul, și în orice caz nu înlocuiește definitiv terapiile convenționale sau naturiste, ci doar le sprijină și le accelerează efectele. Bolile grave ar trebui tratate înainte de toate de către specialiști. În mâinile profanilor în domeniul medicinii, Reiki nu trebuie folosit decât ca instrument profilactic sau pentru tratarea afecțiunilor minore (cele pe care toți oamenii și le tratează singuri, fără să se ducă la medic). În schimb, Reiki poate fi de un real folos ca adjuvant în tratarea oricărei boli.

„Atunci când îmi fac singur Reiki, acesta nu funcționează. De ce?"

Reiki nu încalcă niciodată libertatea individuală de decizie. Dacă doriți în mod conştient sau subconştient să fiți tratat de altcineva, vă veți închide ființa față de propria terapie Reiki. În acest caz, este evident că ceea ce doriți cu adevărat nu este să vă vindecați, ci să vă simțiți apropiat de altcineva. Această dorință este cât se poate de legitimă şi ar trebui să o acceptați ca atare. Reiki nu va înlocui niciodată apropierea interumană.

„Prin toți oamenii curge aceeaşi cantitate de energie Reiki?"

Nu. Fiecare inițiere succesivă amplifică de câteva ori capacitatea de transfer a energiei vitale, ridicând-o astfel pe nivele superioare, pe care sunt posibile noi efecte. Ceea ce se produce în timpul inițierii este o deschidere de bază, atingerea unei capacități care nu va mai putea fi redusă niciodată. Atunci când transferi o mare cantitate de energie Reiki, capacitatea de a canaliza această energie nu scade, ci creşte. Odată mărită, noua capacitate de transfer nu va mai putea fi redusă vreodată.

Fiecare nouă inițiere (în gradele doi şi trei) amplifică deschiderea personală în fața Energiei Universale a Vieții. Ulterior, fluxul energetic va putea fi intensificat în continuare prin practica simbolurilor specifice gradului doi de Reiki.

„Recent, m-am simțit obosit după un transfer masiv de energie Reiki. Care este cauza?"

Ori de câte ori dăruiți energie Reiki unei alte persoane, aveți parte dumneavoastră înşivă de această energie. Procesele de purificare se declanşează inclusiv în corpul dumneavoastră de îndată ce vă plasați palmele pe trupul pacientului. Atât timp cât funcționează, reacția vindecătoare consumă energiile corpului. Oferiți-vă cât mai multă energie Reiki pentru a ajuta organismul să se vindece şi bucuraţi-vă de acest proces. Cu cât veţi lucra mai mult cu Reiki, cu atât mai rare vor deveni aceste reacţii adverse. Canalele dumneavoastră energetice vor deveni din ce în ce mai deschise şi mai eficiente (vezi şi întrebarea anterioară).

„Poate fi inversată iniţierea în Reiki?”

Nu, nu poate. Iniţierile în Reiki sunt realizate de Dumnezeu. Maeştrii Reiki nu sunt decât nişte canale prin care se manifestă această putere. În timpul iniţierii, omul se află faţă în faţă cu Dumnezeu. Niciun factor şi niciun fenomen exterior nu îl poate influenţa pe Dumnezeu. De aceea, efectele iniţierilor în Reiki nu pot dispărea vreodată, nici măcar în cazuri de vinovăţie asumată sau având la bază alte motive „morale”.

„Simt că Reiki îmi face foarte mult bine, dar pur şi simplu nu am timpul necesar să mă tratez singur. De ce mi se întâmplă acest lucru?”

Ce fel de relaţie aveţi cu dumneavoastră înşivă? Este ea o relaţie de iubire? Vă bucuraţi vreodată de viaţă? De regulă, oamenii în situaţia dumneavoastră uită să se bucure de viaţă. De aceea, în cazul lor se recomandă lucrul cu afirmaţiile pozitive de genul: „Îmi acord timpul de care am nevoie, pentru că mă iubesc!”, sau „Mă iubesc pe mine însumi şi mă bucur să îmi fac un bine”. Lucrul cu cuarţul roz este de asemenea foarte util. Faceţi-vă timp şi gândiţi-vă de ce nu aveţi niciodată răgazul necesar pentru a vă trata singur. Căutaţi motivele reale şi nu acceptaţi în niciun caz faimosul pretext: „Pur şi simplu, nu am timp”. Acesta este primul pas pentru rezolvarea problemei. Dacă problema tot nu se rezolvă, nu forţaţi lucrurile şi practicaţi Reiki asupra altor persoane, până când veţi simţi nevoia să vă acordaţi şi dumneavoastră timpul pe care îl meritaţi. Personal, aşa procedez şi am constatat că funcţionează. Mai devreme sau mai târziu, orice om cu sindromul „bunului samaritean” va ajunge să se ocupe şi de el însuşi; în caz contrar, se va epuiza complet.

Mai există şi o altă posibilitate. Este posibil să fiţi copleşit de viteza cu care aţi început să creşteţi ori de perspectivele care vi se deschid în faţă. Întrucât Reiki stimulează creşterea individuală, subconştientul încearcă să îl evite. În acest caz, odihniţi-vă o vreme. Dacă sunteţi dispus să faceţi acest pas, analizaţi cauza profundă a fricii dumneavoastră de dezvoltare. În timp, dorinţa de a practica Reiki vă va reveni. Relaxarea are rostul ei, în egală măsură cu practica. Niciuna nu poate exista fără cealaltă.

„Mă tem să nu interferez cu karma persoanelor cărora le aplic Reiki. Este acest lucru posibil?"

Esenţa practicii Reiki este iubirea. De aceea, este imposibil să greşeşti atunci când aplici această metodă. Chiar dacă o povară *karma*-ică este eliberată prin Reiki, acesta este un lucru bun, nu rău. Reiki nu creează noi poveri *karma*-ice, cu excepţia cazului în care cel care îl practică se lasă furat de dorinţa de putere personală (de motivaţii egoiste sau egocentrice). Chiar şi în acest caz, efectele negative nu se datorează practicii Reiki în sine, ci egocentrismului personal. Dacă încercaţi să vindecaţi pe cineva împotriva voinţei sale, creaţi într-adevăr *karma* (consecinţe), dar nu pacientul tratat va fi cel care o va suporta, ci dumneavoastră. Puterea energiei Reiki are întotdeauna grijă de acest lucru.

„De ce sunt necesare toate aceste metode care folosesc pietre semipreţioase, mirosuri parfumate şi meditaţia? Nu funcţionează la fel de bine Reiki şi singur?"

Ba da, dar pentru a obţine rezultate cu ajutorul lui, trebuie mai întâi ca pacientul să accepte această energie. Există oameni care preferă să fie trataţi prin Reiki numai dacă această metodă este ambalată frumos; subconştientul lor doreşte să fie stimulat înainte de a se deschide în faţa energiei Reiki. Acesta este punctul în care intervin metodele citate mai sus. Din acest punct de vedere, ele au o contribuţie indirectă la eficacitatea tratamentului Reiki. Personal, nu sunt un puritan; de aceea, îmi aleg întotdeauna metodele care cred că vor da cele mai bune rezultate. Nu vă obligă însă nimeni să le aplicați și dumneavoastră, dacă nu doriți acest lucru. Faceți așa cum doriți. Important este să vă bucurați de ceea ce faceți și să nu-i privați pe cei din jur de posibilitatea de a se dezvolta la rândul lor.

Capitolul şaisprezece

CONTACTUL ŞI CREŞTEREA MEA PERSONALĂ CU ENERGIA REIKI

Probabil în momentul în care citiţi acest capitol aţi lecturat deja cartea, sau cel puţin aţi răsfoit-o, familiarizându-vă cu secţiunile ei. Poate unii dintre dumneavoastră se întreabă cum am ajuns să intru eu însumi în contact cu această tehnică minunată şi ce înseamnă ea pentru mine. Asemenea relatări personale sunt întotdeauna utile, iar scopul celei de faţă este acela de a vă inspira.

La fel ca mulţi alţii, am ajuns să mă interesez de Reiki şi de terapiile naturiste din cauza unor probleme personale, pe care medicina convenţională nu mi le-a putut rezolva.

Cu câţiva ani în urmă mă simţeam foarte rău. În fiecare dimineaţă mă trezeam epuizat şi nu reuşeam să fiu activ în timpul zilei decât bând foarte multă cafea. Seara, eram incapabil să mai fac ceva.

Am consultat trei medici, care mi-au spus acelaşi lucru: că nu am nimic. Cel puţin din analize nu reieşea că aş suferi de vreo boală. De altfel, mi-au spus că primele semne de acest fel apar întotdeauna în jurul vârstei de 25 de ani, aşa că nu este ceva nefiresc. Am crezut că glumesc, dar nu, erau cât se poate de serioşi.

După ce am încercat alte câteva metode, l-am cunoscut pe Horst Kosche, un practician naturist. Aşa am ajuns să mă familiarizez cu principiile naturismului. După ce mi-a făcut o diagnosticare a irisului şi analizele sângelui, Horst a descoperit că sursa problemelor mele avea legătură cu o anumită boală metabolică. Mi-a indicat un tratament pe care l-am urmat şi m-am simţit mult mai bine.

În tot acest timp, am avut ocazia să vorbesc frecvent cu el şi cu soţia sa, Sabine. Treptat, am ajuns să mă privesc pe mine şi starea mea de sănătate dintr-o altă perspectivă, mai holistică.

Într-o zi, am descoperit pe peretele din antreu un certificat de Reiki. Aflasem deja multe lucruri despre acupunctură, chiropractică şi homeopatie, dar nu auzisem niciodată până atunci de Reiki.

L-am întrebat pe Horst ce înseamnă şi mi-a răspuns că în curând se va ține un nou seminar de Reiki, şi că nu mi-ar strica să particip.

Fără să ştiu nimic despre această metodă, m-am înscris la curs. Şi astfel, într-o seară de vineri din acea primăvară, m-am dus la seminar însoțit de Manu, prietena mea de la acea vreme şi actuala mea soție.

În sală se aflau circa douăzeci de persoane, din care unele păreau de-a dreptul exotice. Dar cea mai exotică dintre toți mi s-a părut a fi Brigitte Müller, instructoarea care ținea cursul. Îmbrăcată în diferite nuanțe de purpuriu (altminteri, foarte elegantă), femeia nu corespundea ideilor pe care le aveam la acea vreme despre o persoană serioasă care ține un seminar.

După ce cursul a început, am descoperit că este foarte interesant, căci am aflat numeroase lucruri despre care nu auzisem niciodată până atunci. Spre exemplu, un participant care se ocupa cu măsurătorile energetice ne-a vorbit în pauză de experiențele sale şi despre posibilitățile acestei metode *(dowsing)*. Alții ne-au povestit despre un seminar Huna la care participaseră de curând, iar o tânără foarte elegantă ne-a relatat experiențele ei legate de vindecarea prin credință.

Toți aceşti oameni aveau un mod aparte de a se manifesta în plan relațional. De pildă, atunci când se întâlneau, se îmbrățişau (chiar şi bărbații!). Atmosfera era foarte caldă şi plină de iubire, iar oamenii discutau unii cu alții amical şi relaxați.

În timpul inițierii propriu-zise nu am simțit nimic ieşit din comun. Doar un fel de bâzâit interior atunci când Brigitte şi-a pus palmele pe mine în timpul ritualului de inițiere. Nu am văzut însă niciun fel de lumini şi nu am auzit voci angelice.

La sfârşit, eram puțin dezamăgit. Mi-ar fi plăcut să am o revelație divină, dacă se putea într-un plan tridimensional şi având ca fundal o muzică interpretată de orchestra filarmonică din

A doua zi dimineață am plecat la lucru înainte ca Manu să se fi trezit, căci era programată la ginecolog abia mai târziu. La amiază am vorbit cu ea la telefon și am rămas surprins de tulburarea din vocea ei. Mi-a spus că ginecologul i-a confirmat că toate valorile clinice au revenit la normal!

Razele X și celelalte analize i-au ieșit bune, și ce era mai important, încă de când se trezise, Manu nu a mai avut deloc dureri. Putea merge din nou și putea urca scările fără nicio dificultate. Se pare că inflamația se resorbise complet peste noapte.

Am plecat în concediu în Franța și ne-am simțit minunat. În mod evident, chiar din ziua vindecării lui Manu ne-am hotărât să ne înscriem la următorul seminar de Reiki, pentru a primi inițierea în gradul doi. De atunci, Reiki a devenit parte integrantă din viața noastră.

Au trecut anii și foarte multe lucruri s-au întâmplat între timp. Am primit amândoi inițierea în gradul doi de Reiki și am avut numeroase ocazii să ne minunăm de puterea și de efectele energiei Reiki asupra noastră sau asupra altor persoane. Majoritatea tulburărilor minore de care suferеam au dispărut, iar starea noastră de sănătate s-a îmbunătățit din ce în ce mai mult. Vindecarea cu ajutorul mâinilor a devenit o rutină aproape zilnică, așa că am încetat să ne mai întrebăm dacă tratamentul Reiki va funcționa sau nu și de această dată. Deja eram preocupați de alte procese de creștere, mai profunde.

Mi-am dat seama că îmi doresc din ce în ce mai mult să devin eu însumi maestru Reiki, pentru a transmite și altora această putere sublimă, care m-a ajutat atât de mult. Brigitte Müller m-a antrenat timp de un an. Brigitte avea dreptul de a instrui și iniția maeștri, drept pe care i l-a conferit chiar Marea Maestră Phyllis Furumoto.

Acest antrenament în vederea obținerii gradului de maestru era diferit de ceea ce îmi imaginasem eu. Inițial, eram convins că un maestru Reiki este inflexibil și rigid. În timpul perioadei de instrucție, am început să înțeleg mai bine responsabilitățile și posibilitățile unui maestru Reiki, și mi-am dat seama că nu există un „maestru ideal”. Am fost nevoit să îmi explorez potențialul interior, iar Brigitte mi-a fost de un real folos în această direcție. Nu se ferea niciodată de obstacole și nu făcea concesiuni atunci când trebuia să demonstreze că urmează calea maestrului Reiki.

A fost un model pentru mine, în sensul că am învățat de la ea să nu cred în modele. Stilul ei de a preda Reiki este diferit de al meu. Nu este nici mai bună nici mai rea decât mine; este pur și simplu diferită. Brigitte își urmează propria sa cale, iar eu îmi urmez calea mea. Acest proces al realizării de sine m-a ajutat mult să renunț la proiecțiile mele anterioare și să mă redescopăr pe mine însumi.

Între altele, am ajuns la alte concluzii în privința rezultatelor inițierii, dându-mi seama că fiecare nouă inițiere în Reiki generează un nou proces de vindecare și de creștere interioară. Desigur, fiecare om își duce propriile poveri și are propriile sale predispoziții latente către boală, diferite de ale celorlalți. De aceea, procesul de creștere nu este niciodată identic în cazuri diferite.

De pildă, nu toți cei inițiați în gradul doi de Reiki devin automat mai sănătoși sau mai înțelepți decât cei care nu au fost inițiați „decât" în gradul întâi de Reiki.

La fel, maeștrii Reiki nu sunt neapărat mai avansați pe cale decât cei care nu au obținut decât gradele întâi sau doi. Există atâtea modalități de a învăța și de a crește. Calea Reiki este doar una dintre ele, absolut minunată din punctul meu de vedere, dar mai sunt cu siguranță multe altele.

Încerc întotdeauna să împărtășesc acest punct de vedere la seminariile mele, căci mi se pare important ca oamenii să încerce să se accepte așa cum sunt și să nu-și condiționeze respectul de sine în funcție de diplomele pe care le au.

Reiki poate fi de un real folos oricărei alte metode de vindecare sau de creștere interioară. El acționează ca o baterie și accelerează procesul descoperirii de sine. Pe de altă parte, la fel ca toate celelalte tehnici de acest fel, nu poate înlocui niciodată viața însăși. Amplifică vitalitatea și înțelegerea vieții, dar nu înlocuiește experiența directă și contactul cu cei din jur.

Un înțelept spunea odată că iluminarea nu poate fi obținută doar printr-o dietă corectă, făcând lucruri juste şi practicând meditația. Noi ne aflăm pe acest pământ pentru a experimenta viața însăşi, nu pentru a fi mediatori, pentru a face inițieri în Reiki şi pentru a ne gândi exclusiv la *nirvana*.

Iluminarea este un dar. El nu vine la noi decât dacă am experimentat intens şi plenar viața. La momentul potrivit (din punct de vedere holistic) ea apare întotdeauna.

Dacă veți accepta Reiki ca pe un simplu ajutor, energia sa vă va sta întotdeauna la dispoziție, contribuind la împlinirea responsabilităților pe care vi le-ați asumat. Dacă nu sunteți de acord cu această cale, există multe altele, şi nu pot decât să sper că veți găsi una care să vi se potrivească şi pe care să avansați rapid. Nu acceptați niciodată părerile celor ce cred că valorați mai puțin pur şi simplu pentru că nu mergeți pe calea lor.

Cartea de față îmi împlineşte unul din visele cele mai vechi. La momentul primei mele inițieri aveam atâtea întrebări de pus, dar nu exista nimeni care să îmi răspundă la ele. De aceea, am fost nevoit să caut singur răspunsurile care mă interesau. Subiectele discutate în această carte sunt rezultatul multor conversații, cărți citite, seminarii ținute, dar mai ales al experienței mele directe. Am remarcat în numeroase ocazii că atunci când le vorbesc oamenilor despre experiențele mele directe, aceştia devin mai entuziaşti în dorința lor de a lucra cu această energie. Cei mai mulți dintre ei îi descoperă astfel noi semnificații şi îi înțeleg limitele şi posibilitățile într-o manieră mai realistă. Acest lucru m-a inspirat să țin cursuri de Reiki-Do, calea iubirii vindecătoare, şi să îi instruiesc pe cei interesați în cadrul unor seminarii de Reiki.

După ce am devenit maestru Reiki, am început imediat un curs avansat pentru cei care doresc să obțină această cunoaştere, care m-a condus apoi către scrierea acestei cărți. Speranța mea este că am reuşit să clarific cât mai multe din întrebările care nu pot fi puse întotdeauna la seminariile de Reiki din cauza lipsei de timp. M-ar bucura să primesc din partea cititorilor mei cât mai multe sugestii, care să mă ajute să îmbunătățesc pe viitor acest manual. Dacă voi descoperi un interes aparte, voi adăuga pe viitor noi capitole. De aceea, nu ezitați să-mi scrieți.

Vă doresc să aveți parte de iubire şi lumină pe calea pe care o urmați,

Walter Lübeck

Anexă

Index terapeutic

Acest index reprezintă o listă cu diferite simptoame şi cu poziţiile cele mai potrivite pentru tratarea lor. Există poziţii din cadrul tratamentului integral al corpului care s-au dovedit deosebit de eficiente în tratarea anumitor simptome, putând fi aplicate separat sau menţinute mai mult timp în cadrul tratamentul integral.

Ca regulă generală, afecţiunile minore nu necesită un număr mare de şedinţe, dar acestea trebuie ţinute la intervale dese. Bolile cronice trebuie tratate iniţial prin cel puţin patru tratamente integrale succesive, urmate apoi de unul până la trei tratamente săptămânale, în funcţie de gravitatea bolii. Dacă boala este de lungă durată, în decursul unui an s-ar aduna în acest fel circa o lună de tratament integral al corpului (mai mult sau mai puţin, în funcţie de constituţia persoanei şi de starea bolii). Dacă vi se pare mult, vă reamintesc că sunt boli (cum este cancerul) care evoluează decenii la rând înainte de a se declanşa propriu-zis. Faza latentă poate dura foarte mult timp şi trebuie să ţinem seama de acest lucru atunci când stabilim perioada de tratament. Între altele, un organism slăbit nu ar putea suporta nişte schimbări dramatice într-un interval de numai câteva săptămâni. Chiar şi în cazul schimbărilor minore, prima care trebuie să se schimbe este personalitatea pacientului, pentru a permite apoi eliminarea bolii. Acest proces necesită timp şi un tratament regulat.

În cazul bolilor care pun în pericol viaţa, la fel de importante ca şi tratamentul Reiki se dovedesc echilibrarea *chakra*-elor şi dinamizarea cu energie Reiki a primei şi a celei de-a şasea *chakra*.

În cazul acelor boli care desfigurează, tratamentul trebuie să includă echilibrarea *chakra*-elor şi dinamizarea cu energie Reiki a *chakra*-elor a doua şi a cincea.

Echilibrarea *chakra*-elor şi dinamizarea *chakra*-elor 1, 3 şi 5 se recomandă de asemenea tuturor bolilor care paralizează corpul şi mintea, total sau parţial.

În cazul bolilor care afectează lichidele corporale (sângele, limfa, saliva, sucurile digestive, transpirația, pielea uscată, urina, diareea, constipația), se recomandă lucrul specific cu energie Reiki asupra rinichilor și asupra celei de-a doua *chakra*. În cazul bolilor mentale sau nervoase, tratamentul trebuie să includă aplicații specifice asupra plexului solar, punctului *hara* și zonei ficatului.

Tratamentul Reiki nu este un substitut pentru consultarea medi-cului, a terapeutului naturist sau a psihoterapeutului! Bolile grave și afecțiunile care pot evolua, transformându-se în boli grave, trebuie diagnosticate și tratate de specialiștii competenți!

Accidente: Chemați un medic! Ca măsură de prim ajutor, puteți trata starea de șoc cu pozițiile 13 și 8. Plasați mâinile la o anumită distanță de zona afectată, în care ar putea exista o hemoragie internă. În niciun caz nu atingeți această zonă. (vezi și Panică; Teamă)

Acnee: Începeți cu tratamentul integral al corpului, aplicat mai multe zile la rând. În continuare, canalizați local energia Reiki, în fiecare zi sau cel puțin o dată la două zile. Aplicați pozițiile 5, 6, 8, 10 și 13.

Afecțiuni ale bilei: Aplicați pozițiile 1, 6, 12, 15 și 17. În cazul fazei cronice a bolii se recomandă tratamentul local al celei de-a treia *chakra*.

Afecțiuni digestive: Aplicați pozițiile 4, 6, 8, 10, 11, 12, 14 și 16.

Afecțiuni ale genunchilor: Aplicați pozițiile 15 și 17, precum și poziția specială pentru sciatică. Plasați amândouă palmele în jurul genunchiului, pentru ca acesta să absoarbă energia Reiki din ambele părți. Dacă afecțiunea este cronică, energizați *chakra*-ele 3 și 6.

Afecțiuni ale ochilor: Aplicați pozițiile 1, 2, 5, 10 și 17. Canalizați energia Reiki asupra degetelor mari de la mâini și picioare.

Afecțiuni și tulburări ale nasului: Oferiți tratament local și aplicați pozițiile 1, 6 și 9. Energizați *chakra* a șasea. Dacă există probleme cu sinusurile, adăugați pozițiile 10, 12, 14 și 16 și energizați inclusiv *chakra* a doua.

Alergii: Începeți terapia cu tratamentul integral al corpului. În continuare, canalizați local energia Reiki, asupra zonei în care se manifestă boala. Aplicații pozițiile 1, 5, 8 şi 10.

Amețeală: Aplicați pozițiile 3, 6, 14 şi 17. Încrucişați apoi palmele deasupra creştetului capului.

Amigdalită (vezi şi Inflamație): Aplicați pozițiile 1, 3, 5, 9 şi 13.

Amorțeală: Plasați palmele între coloana vertebrală şi partea inferioară a omoplaților.

Amputații: Tratați ciotul şi membrul artificial (ca şi cum ar fi cel autentic). Aplicații pozițiile 1, 8 şi 14.

Anemie: Începeți terapia cu tratamentul integral al corpului. În continuare, aplicații pozițiile 4, 6 şi 7 şi canalizați energia Reiki către creştetul capului.

Anomalii legate de postură: Energizați prin tratamentul specific cea de-a cincea *chakra,* îndeosebi atunci când anomalia legată de postură devine foarte evidentă. În plus, tratați partea interioară a tălpilor, de la degetele mari până la călcâie.

Anestezie: Nu aplicați niciodată tratamentul Reiki în timpul anesteziei, indiferent de circumstanțe, căci este posibil ca pacientul să se trezească prematur din ea. Puteți aplica tratamentul integral al corpului înainte şi după anestezie, insistând asupra pozițiilor 1, 6, 8, 14 şi 17. În funcție de starea pacientului, puteți aplica doar aceste poziții, fără a mai face tratamentul integral al corpului.

Angină pectorală: Canalizați energia Reiki către zona diafragmei şi către partea superioară a spatelui. Aplicați pozițiile 2, 3, 5 şi 8.

Antibiotice (efecte secundare): Aplicați tratamentul integral al corpului la fiecare două zile, iar ulterior, insistați asupra pozițiilor 5, 6, 8, 9, 10 şi 13. După eliminarea fazei acute, tratați ficatul şi rinichii, separat, o dată sau de două ori pe săptămână. Adăugați poziția 17.

Apendicită (vezi şi Inflamații): Chemați imediat un medic şi tratați local zona până la venirea acestuia. În caz de dureri extreme, aplicați pozițiile 16 şi 17 (la jumătatea distanței dintre genunchi şi gleznă, în partea frontală a piciorului).

Apatie: Aplicați tratamentul integral al corpului, insistând îndeosebi asupra pozițiilor 6, 10, 14 şi 17. În plus, canalizați energia Reiki asupra părții din față a picioarelor, la o lățime de palmă sub genunchi.

Artroză: Trebuie tratată local, prin pozițiile 13, 14 şi 17.

Arsuri: Oferiți tratament local, fără să atingeți însă rănile! În cazurile grave, puteți oferi tratamentul integral al corpului, insistând asupra pozițiilor 1, 6, 9, 13, 14 şi 17.

Arsuri la stomac: Aplicați pozițiile 8 şi 4.

Astm: Aplicați pozițiile 1, 4, 9 şi 10.

Atac cerebral: Canalizați energia Reiki pe partea laterală opusă a capului (față de cea în care s-a declanşat atacul, respectiv: partea dreaptă, dacă atacul s-a declanşat pe partea stângă, şi invers). Chemați imediat un medic.

Atac de cord: Aplicați tratamentul Reiki asupra părții superioare şi inferioare a abdomenului (în niciun caz direct asupra inimii). Insistați asupra pozițiilor 6, 8, 11 şi 13. Aceste măsuri trebuie aplicate doar în caz de urgență, până la venirea medicului.

Bâlbâială: Canalizați energia Reiki sub osul sternului, pe părțile laterale. În plus, aplicați poziția 5.

Boala lui Scheuermann: Aplicați tratamentul integral al corpului şi canalizați energia Reiki îndeosebi asupra spatelui. Aplicați pozițiile 10, 14 şi 17. Energizați prima *chakra.*

Boli ale metabolismului: Tratamentul integral al corpului este absolut necesar în acest caz! În plus, aplicați pozițiile 1, 5, 8, 14 şi 17.

Boli de piele: Se tratează local. În plus, se recomandă energizarea celei de-a doua *chakra* (vezi şi Detoxificare).

Boli venerice: Trebuie anunțate autoritățile şi nu pot fi tratate decât de către specialişti. Pentru sprijinirea tratamentului, puteți face aplicații specifice asupra *chakra*-elor 1, 2 şi 6 (vezi şi Inflamație).

Bufeuri de căldură: Aplicați pozițiile 8 şi 10 şi echilibrați *chakra*-ele 2 şi 3.

Cancer (vezi şi Detoxificare): Aplicați regulat tratamentul integral al corpului şi canalizați energia Reiki asupra zonelor afectate (dacă le cunoaşteți). Lucrați foarte mult cu pozițiile 6 şi 8, apoi menţineţi poziţia 9 timp de 15-20 de minute. Aplicaţi local energia Reiki asupra celei de-a patra *chakra* şi echilibraţi restul *chakra*-elor prin intermediul ei. În caz de slăbiciune extremă aplicaţi poziţiile 14 şi 17 şi faceţi echilibrarea *chakra*-elor 1 şi 6. În caz de cancer la limbă, canalizaţi în plus energia Reiki la nivelul picioarelor. În caz de cancer la sân şi la sistemul urogenital, insistaţi suplimentar asupra poziţiilor 10, 14 şi 16, dar şi asupra celei de-a doua *chakra*.

Căderea părului: Aplicaţi local energia Reiki, alături de poziţiile 10, 13 şi 16.

Canini: Ficatul şi meridianul vezicii biliare, ochii, şoldurile, partea toracică a coloanei vertebrale, glanda pituitară, genunchii, amigdalele.

Carii: Aplicaţi poziţiile 1, 6, 10, 14, 15 şi 17. Insistaţi asupra primei *chakra*.

Chimioterapie (pentru cancer): aplicaţi tratamentul cu câteva ore înainte şi după şedinţa de chimioterapie. Dacă pacientul ia medicamente în mod regulat, nu aplicaţi decât tratamentul specific cu poziţiile 6, 7, 9, 10 şi 13. Dacă medicamentele sunt luate o singură dată pe zi, puteţi aplica tratamentul integral al corpului la câteva ore distanţă şi în condiţiile descrise mai sus.

Cicatricele: Se tratează local. Aplicaţi poziţiile 5, 8 şi 9.

Circulaţie: Aplicaţi poziţiile 1, 5, 6 şi 8. Canalizaţi energia Reiki asupra părţii de sus a umerilor, asupra pieptului, la o lăţime de palmă sub subsuoară şi pe partea laterală interioară a coapselor. În plus, plasaţi mâinile de o parte şi de alta a creştetului capului.

Constipaţie (vezi şi Afecţiuni digestive): plasaţi o palmă sub ombilic şi cealaltă pe ceafă.

Coşmaruri nocturne: Aplicaţi poziţiile 2, 4, 8 şi 10.

Crampe: aplicaţi un tratament local (totuşi, dacă există o predispoziţie faţă de crampe, consultaţi un medic). Aplicaţi de asemenea poziţiile 1, 6, 12, 13, 15 şi 17 şi insistaţi asupra celei de-a şasea *chakra*.

Creşterea dinţilor: Aplicaţi poziţiile 1, 14 şi 17 şi plasaţi o palmă asupra gurii sau asupra gâtului.

Criză de epilepsie: Aplicați pozițiile 4, 5 și 8, și insistați asupra încheieturilor mâinilor și asupra porțiunii de coloană cuprinsă între omoplați, dar numai la scurt timp înainte sau după o criză.

Crize de mânie: Canalizați energia Reiki asupra încheieturilor mâinilor, asupra încheieturilor picioarelor și mai sus de glezne (la o lățime de palmă). Aplicați poziția 8. Tendința către aceste crize poate fi tratată de asemenea cu pozițiile 6, 8, 11 și 14.

Criză de nervi: Aplicați pozițiile 1, 4, 8, 10, 11, 12, 14 și 17. Plasați ambele palme pe creștetul capului, într-o poziție încrucișată.

Curgerea sângelui din nas: Trebuie tratată local. Aplicați pozițiile 4, 5, 8, 11 și 12.

Dependență: Cuvântul german pentru dependență *(sucht)* derivă de la *suchen* – a căuta. De aceea, aplicați local energia Reiki asupra celui de-al treilea ochi. Pentru o detoxificare mentală și fizică, aplicați tratamentul integral al corpului. Se recomandă de asemenea pozițiile 1, 5, 6, 8, 11, 12 și 13.

Depresie: Aplicați tratamentul integral al corpului și insistați asupra pozițiilor 1, 4, 10 și 17.

Detoxificare: Aplicați regulat tratamentul integral al corpului câteva zile la rând, până când apar primele reacții de vindecare (cum ar fi modificarea mirosului și culorii urinei, transpirația puternică, golirea intestinelor sau diferite reacții ale pielii). Pacientul trebuie să bea multă apă de izvor sau apă minerală, să facă dușuri și să se odihnească cât mai mult timp posibil. În plus, aplicați pozițiile 1, 5-10, 13, 14 și 17. Tratarea regiunii centrale dintre umeri, de o parte și de alta a coloanei vertebrale, este de asemenea foarte eficientă. În cazul anumitor afecțiuni renale sau ale ficatului, pacientul nu trebuie tratat decât cu acordul medicului sau al unui terapeut naturist.

Dezechilibru: Aplicați pozițiile 3 și 6, apoi plasați ambele palme pe creștetul capului.

Diabet: Aplicați poziția specială pentru diabet (la nivelul coatelor), alături de pozițiile 1, 7, 9 și 17.

Diaree: Aplicați pozițiile 6, 7, 8, 10 și 13.

Dificultăţi respiratorii: Aplicaţi poziţiile 4, 9 şi 17.

Dilatarea inimii: Canalizaţi energia Reiki asupra sfârcurilor şi aplicaţi poziţiile 2 şi 3.

Dispnee: Aplicaţi poziţiile 4, 8, şi 17. În plus, trataţi regiunea umerilor.

Dureri: Se tratează local. Aplicaţi poziţiile 11 şi 12. În cazul durerilor de oase: plasaţi o palmă deasupra şi cealaltă dedesubtul principalei vertebre cervicale (situată la baza cefei). În cazul durerilor de şolduri şi de picioare: canalizaţi energia Reiki de-a lungul spatelui şi pe partea exterioară a şoldurilor. Dureri de braţe: aplicaţi poziţiile 11 şi 12 şi canalizaţi energia Reiki în partea de sus a umerilor şi asupra braţelor. Dureri de picioare: aplicaţi poziţiile 13 şi 14 şi trataţi partea exterioară a şoldurilor.

Dureri de cap: Aplicaţi poziţiile 1, 4, 11, 12 şi 17 (nu neapărat toate odată; aplicaţi-le pe cele care vi se par cele mai eficiente).

Dureri de ceafă: Canalizaţi energia Reiki către zona dureroasă şi către încheietura degetelor mari de la picioare. Aplicaţi poziţiile 8 şi 10.

Dureri de dinţi: Se tratează local (vezi de asemenea Carii şi Dinţi).

Dureri de gât: Se tratează local, alături de degetele mari de la picioare (pe toată lungimea).

Dureri de spate: Faceţi un tratament local. Aplicaţi poziţiile 1, 11, 12 15 şi 17.

Dinţi: Aceştia au propriile lor zone reflexe, care pot fi tratate prin Reiki, în caz de dureri de dinţi sau de carii. Iată care sunt aceste zone: degetele mari de la picioare pentru incisivi, apoi, în ordine, degetele care urmează pentru: canini, premolari, molari şi măselele de minte. În plus, fiecare dinte este asociat energetic cu un organ sau o regiune a corpului, care trebuie tratată regulat prin Reiki. Dacă toţi dinţii sunt cariaţi, este cu siguranţă vorba de o boală metabolică profundă. Pentru a facilita tratamentul, iată o listă cu dinţii şi organele (respectiv regiunile corporale) asociate cu ei la nivel energetic:

Incisivi: Rinichii şi meridianul vezicii urinare, sistemul urogenital, urechile, sinusurile nazale şi frontale, adenoizii, coccisul şi *chakra* rădăcinii.

Premolarii anteriori (de sus): Plămânii şi meridianul intestinului gros, nasul, sinusurile nazale, căile bronhice, mâinile, umerii, genunchii, partea superioară a coloanei vertebrale, glanda pituitară şi timusul.

Premolarii anteriori (de jos, stânga şi dreapta): laringele, glandele mamare, faringele, gonadele, vasele limfatice, genunchii, maxilarele şi sinusurile maxilarelor.

Premolarii anteriori (jos dreapta): Pancreasul şi meridianul stomacului.

Premolarii anteriori (jos stânga): Splina şi meridianul stomacului.

Molarii (sus, dreapta şi stânga): Maxilarele şi sinusurile maxilarelor, genunchii, glanda tiroidă, cea paratiroidă, glandele mamare.

Molarii (sus dreapta): Pancreasul şi meridianul stomacului.

Molarii (sus stânga): Splina şi meridianul stomacului.

Molarii (jos, dreapta şi stânga): Plămânii şi meridianul intestinului subţire, arterele şi venele, nasul, sinusurile nazale, căile bronhice.

Măselele de minte (sus, dreapta şi stânga): Inima şi meridianul intestinului subţire, urechea mijlocie, umerii, coatele.

Măselele de minte (sus dreapta): Sistemul nervos central, duodenul.

Măselele de minte (sus stânga): Partea inferioară a intestinului subţire, jejunul.

Măselele de minte (jos, dreapta şi stânga): Inima şi meridianul intestinului subţire, urechea mijlocie, umerii, coatele.

Măselele de minte (jos dreapta): Partea inferioară a intestinului subţire.

Măselele de minte (jos stânga): Jejunul. Există şi o conexiune energetică între dinţi şi vertebrele toracice.

Eczemă (vezi şi Urticarie): Trataţi pieptul şi partea superioară a spatelui.

Emfizem: Realizaţi tratamentul integral al corpului. Canalizaţi energia Reiki asupra sternului, a pieptului şi a spatelui. Insistaţi asupra poziţiilor 5 şi 17.

Epuizare: Realizaţi tratamentul integral al corpului şi aplicaţi poziţiile 17, 14, 13 şi 8 (în această ordine).

Febră: Aplicaţi poziţiile 1, 3, 5, 7 şi 9. În caz de temperatură prelungită, adăugaţi tratamentul integral al corpului şi poziţiile 14 şi 17. Într-o primă fază, pacientul reacţionează frecvent printr-o creştere a temperaturii, care scade însă foarte curând (vezi şi Inflamaţie).

Ficat: Aplicaţi poziţiile 6, 8 şi 12.

Flatulenţă: Aplicaţi poziţiile 4, 6, 7 şi 8. Canalizaţi energia Reiki asupra gleznelor şi călcâielor.

Fracturi: După ce oasele au fost puse la loc de un specialist, puteţi trata local zona o perioadă lungă de timp şi cât mai frecvent. Insistaţi asupra poziţiilor 1, 6, 14 şi 17.

Frigiditate: Aplicaţi poziţiile 1, 8 şi 14. Faceţi aplicaţii Reiki specifice asupra *chakra*-elor 2 şi 5. Tratamentul integral al corpului trebuie aplicat ambilor parteneri. Acelaşi lucru este valabil şi în ceea ce priveşte tratamentul *chakra*-elor. De regulă, cauzele care afectează o relaţie de parteneriat sunt legate de amândoi partenerii.

Frisoane: Aplicaţi poziţiile 1, 8, 13, 14 şi 17. Dacă frisoanele se manifestă frecvent, fără cauze externe (hipotermie), alimentaţi a doua *chakra* cu energie Reiki.

Gât uscat (răguşeală): Tratament local. Dacă răguşeala apare frecvent, încărcaţi energetic a cincea *chakra*.

Gingivită: Se tratează local (vezi şi Inflamaţii; Carii).

Glanda tiroidă: Aplicaţi poziţiile 1, 5, 9 şi 12. Energizaţi chakra a cincea.

Glaucom: Canalizaţi energia Reiki asupra regiunii ochilor şi aplicaţi poziţiile 1 şi 5. Faceţi aplicaţii specifice asupra *chakra*-elor 2 şi 6. Trataţi degetele mari de la picioare pe întreaga lor lungime.

Greață: Aplicați pozițiile 6 și 8. În caz de greață provocată de mersul în mașină, aplicați pozițiile 3 și 6. Plasați ambele palme pe creștetul capului.

Gripă: Se recomandă tratamentul integral al corpului (vezi și Inflamație, Febră).

Gușă: Canalizați energia Reiki în regiunea situată cu două lățimi de palmă deasupra gleznelor și aplicați cu deosebire pozițiile 5, 9, 10 și 14.

Gută: Canalizați energia Reiki asupra zonelor afectate și aplicați pozițiile 8, 10 și 13.

Guturai: Aplicați pozițiile 1, 6, 8, 12, 14 și 17.

Guturai pe bază alergică (vezi și Alergie): Aplicați regulat tratamentul integral al corpului, folosind îndeosebi pozițiile 1, 4, 10, 12, 13 și 16.

Hemoragie: Canalizați energia Reiki asupra rănii. Dacă pierderea de sânge este masivă, aplicați pozițiile 1, 5, 7, 13 și 17. Reiki nu înlocuiește celelalte măsuri de prim ajutor în caz de hemoragie.

Hemoroizi: Aplicați local Reiki și insistați asupra pozițiilor 6, 8, 11, 12, 14, 16 și 17.

Hepatită (inflamarea ficatului): Folosiți același tratament ca și cel descris la rubricile Inflamații și Ficat; încărcați energetic *chakra*-ele 1 și 3 și aplicați poziția 12.

Hiperactivitate: Aplicați tratamentul integral al corpului și canalizați energia Reiki asupra creștetului capului. Aplicați pozițiile 2, 3, 6 și 8. încărcați energetic a cincea *chakra.*

Hipoglicemie: Aplicați pozițiile 6 și 13, precum și poziția specială pentru diabet.

Impotență: Aplicați pozițiile 1, 8, 10, 12 și 14, iar în cazurile grave energizați *chakra*-ele 2 și 5. Cel mai bine este ca ambii parteneri să participe la tratamentul Reiki, căci problemele sexuale legate de cuplu nu apar aproape niciodată din vina unui singur partener.

Inflamație: Canalizați local energia Reiki (asupra nucleului inflamației). Aplicați pozițiile 7, 9, 10, 14 și 17. În cazul unei inflamații severe (cronice), adăugați pozițiile 6 și 13, și tratați nodulii limfatici din aceste zone. Se recomandă de asemenea energizarea celei de-a şasea *chakra* (cel de-al treilea ochi), precum şi echilibrarea *chakra*-elor, în special a *chakra*-elor 1 şi 6. În plus, consultaţi un oracol pentru a stabili dacă nu cumva pacientul refuză să ia la o decizie importantă (de regulă, aceasta este cauza inflamaţiilor). Puteţi folosi de asemenea pietre semipreţioase (ametistul şi cristalul de stâncă).

Infarct de miocard: Canalizaţi energia Reiki asupra zonei abdomenului superior şi inferior, şi aplicaţi poziţia 13.

Insomnie: Aplicaţi poziţiile 1, 2, 8 şi 10. Canalizaţi energia Reiki asupra sternului. Dacă se repetă frecvent, energizaţi *chakra* a treia.

Intestinul gros: Aplicaţi poziţiile 4, 6, 7, 8, 10 şi 14. În plus, trataţi partea interioară a gambei, de la genunchi la gleznă.

Isterie (vezi şi Panică): Canalizaţi energia Reiki asupra încheieturilor mâinilor şi asupra creştetului capului (cu palmele încrucişate), apoi masaţi cu vigoare mâinile timp de câteva minute. Aplicaţi poziţiile 8, 12 şi 17.

Înjunghiere: Se tratează local, iar în caz de şoc se aplică poziţiile 8 şi 13. Canalizaţi energia Reiki asupra părţii superioare a umerilor.

Leucemie: Se recomandă tratamentul integral al corpului, insistând mai mult asupra poziţiilor 6, 8, 10, 14, 16 şi 17. Energizaţi primele două *chakra*-e.

Luxaţii: Se tratează imediat, local, timp de 15-20 de minute. Se repetă apoi procedeul de 2-3 ori pe zi, timp de câteva zile. Pentru a exclude orice posibilitate de rămânere a unor sechele la nivelul încheieturilor, ar trebui consultat şi un medic.

Mahmureală (datorată alcoolului sau drogurilor): Aplicaţi energia Reiki la o lăţime de palmă deasupra gleznelor şi trataţi degetele mari de la picioare pe toată lungimea lor (vezi şi Detoxificare, Dureri de cap, Greaţă şi Indigestie).

Medicaţie (pentru eliminarea efectelor secundare negative): Tratamentul integral al corpului nu trebuie aplicat pe durata administrării de medicamente care trebuie să rămână în corp la un nivel constant (cum ar fi anticoagulantele, stimulentele cardiace şi medicamentele pentru chimioterapie). Puteţi aplica totuşi poziţiile 5, 6, 13, 14 şi 17 (vezi şi Detoxificare). Trataţi local dezechilibrele organice provocate de medicamente, iar în final aplicaţi tratamentul integral al corpului.

Meningită (vezi şi Inflamaţie): Trataţi degetele mari de la picioare şi de la mâini cu energie Reiki. În plus, aplicaţi poziţiile 1-4.

Migrenă (vezi şi Dureri de cap): Aplicaţi poziţiile 10, 14 şi 16.

Nimfomanie: Aplicaţi poziţiile 1, 5, 10 şi 16. Energizaţi *chakra*-ele 2 şi 5.

Nervozitate: Canalizaţi energia Reiki la baza degetelor mari de la mâini şi de la picioare, asupra creştetului capului şi asupra întregului craniu (prin încrucişarea mâinilor deasupra capului). Aplicaţi poziţiile 1, 5 şi 8.

Nevralgie: Trebuie tratată local şi prin intermediul zonelor reflexe. Puteţi folosi de asemenea poziţiile 1 şi 17, dar mai ales poziţia 16.

Nevroză: Aplicaţi frecvent şi regulat echilibrarea *chakra*-elor. Descoperiţi care este *chakra* sau organul care provoacă tulburarea şi aplicaţi local Reiki în zona respectivă. În plus, aplicaţi poziţiile 5, 8, 12 şi 17. O dată pe săptămână se recomandă şi tratamentul integral al corpului.

Naştere: Se recomandă aplicarea tratamentului integral al corpului înainte de naştere, insistând asupra poziţiilor 8, 10, 13 şi 14. Reiki ajută mama să se relaxeze şi facilitează deschiderea pelvisului. Naşterea devine astfel mai puţin dureroasă, iar copilul îşi găseşte mai uşor poziţia ideală.

Oboseală: Realizaţi echilibrarea *chakra*-elor şi aplicaţi poziţiile 1, 2, 10, 14 şi 17.

Operaţii: Aplicaţi tratamentul integral al corpului înainte de operaţie, insistând mai mult asupra poziţiilor 8 şi 9. Aplicaţi tratamentul integral şi după operaţie, pentru recuperare. Canalizaţi energia Reiki asupra cicatricelor şi insistaţi asupra poziţiilor 6, 8, 12-14 şi 17.

Otrăvire: Chemați pe loc un medic! (vezi și Detoxificare)

Panică: Canalizați energia Reiki asupra încheieturilor mâinilor și pe partea exterioară a genunchilor. Aplicați pozițiile 4, 8, 12 și 13.

Picioare: Faceți aplicații specifice asupra celui de-al treilea ochi și insistați asupra pozițiilor 1, 14, 15, 16 și 17, precum și asupra poziției speciale pentru sciatică.

Pleurezie: Se tratează local. Energia Reiki trebuie canalizată sub subsuoare. Aplicați poziția 1 (vezi și Inflamație).

Pneumonie: (vezi și Inflamație): În acest caz, tratamentul medical este absolut necesar. Ca măsură de suport, energia Reiki poate fi canalizată dinspre partea superioară a spatelui către zona pieptului, precum și asupra încheieturilor și la baza degetelor mari de la mâini (ședințele trebuie ținute zilnic și nu trebuie să fie mai scurte de zece minute).

Post negru: Aplicați pozițiile 5, 8, 10, 12, 14 și 17.

Probleme cu greutatea: Aplicați pozițiile 1, 5, 8, 10, 12, 14 și 16. Energizați *chakra*-ele 2 și 5.

Probleme de memorie: În cazul slăbirii memoriei sau al pierderii complete a acesteia, plasați ambele palme, într-o poziție încrucișată, deasupra creștetului capului.

Răceală (vezi și Inflamații): Aplicați pozițiile 1, 5 și 9.

Răni: Trebuie tratate local, dar fără a fi atinse direct (vezi și Stare de șoc, Accidente).

Răni provocate de biciuire (vezi și Starea de șoc): Aplicați pozițiile 4, 11, 14 și 17. Plasați o palmă deasupra și alta dedesubtul principalei vertebre cervicale (de la baza gâtului).

Renunțare la fumat: Încărcați cu energie Reiki prima și a șasea *chakra*. Aplicați pozițiile 1, 4, 5, 6, 8, 10, 13 și 17.

Reumatism: Aplicați tratamentul integral al corpului și insistați asupra pozițiilor 8, 10, 13 și 15.

Rinichi: Aplicați pozițiile 1, 10 13, 14 și 16. În caz de tulburare cronică, energizați *chakra* a doua.

Sciatică: Aplicați poziția specială pentru sciatică.

Scleroză multiplă (vezi și Inflamație): Aplicați poziția specială asupra craniului şi energizaţi *chakra* a şasea. Dacă un coleg iniţiat în Reiki este dispus să vă ajute, unul dintre dumneavoastră ar trebui să plaseze palmele pe cap, iar celălalt pe tălpi. Se recomandă de asemenea tratamentul integral al corpului şi tratamentul local asupra zonelor afectate. Aplicaţi poziţiile 1, 4 şi 8 şi trataţi regiunea dintre umeri.

Slăbiciune: Trataţi abdomenul inferior, sacrumul, rinichii şi tălpile.

SIDA: În acest caz, tratamentul integral al corpului aplicat zilnic este absolut necesar! Aplicaţi suplimentar poziţiile 8, 9, 10, 13, 14 şi 17.

Sistemul bronhic: Aplicaţi poziţiile 1,9 şi 11. În plus, plasaţi mâinile sub bărbie, deasupra coastelor.

Sughiţ: Persoana care sughiţă trebuie să îşi ridice braţele, iar cel care o tratează să îşi plaseze o palmă pe plexul său solar, iar cealaltă deasupra acestuia. Dacă sughiţul revine frecvent, se recomandă şi poziţia 4.

Surzenie: Aplicaţi poziţiile 3, 5 şi 9, iar în cazurile grave insistaţi asupra celei de-a cincea *chakra.*

Stare de şoc: Ca măsură de prim ajutor, se recomandă să aplicaţi poziţiile 8 şi 13, iar apoi să energizaţi părţile laterale ale umerilor. Mai târziu, puteţi aplica tratamentul integral al corpului, insistând asupra poziţiilor 1, 4, 8, 10, 12, 14 şi 17.

Stări de inconştienţă (leşin): Canalizaţi energia Reiki către partea superioară a degetelor mari de la picioare şi aplicaţi poziţiile 5, 8, 14 şi 17.

Şoc electric: Chemaţi imediat medicul. Ca măsură de prim ajutor, puteţi aplica Reiki asupra încheieturilor mâinilor (vezi şi Tulburări cardiace; Şocuri).

Tahicardie: Trataţi încheieturile mâinilor cu energie Reiki şi aplicaţi poziţiile 5, 8 şi 17.

Teamă: Aplicaţi poziţiile 8, 13, 14 şi 17. În cazuri extreme, vă puteţi aşeza mâinile pe creştetul capului. Dacă doriţi să reduceţi teama de apropierea fizică şi să vă ajutaţi pacientul să îşi controleze emoţiile (să se deschidă sau să se închidă în faţa celor din jur, în funcție de circumstanțe, nu de temerile sale preconcepute), insistați asupra părții interioare și exterioare a coatelor.

Tensiune: Se tratează local. Aplicați pozițiile 1, 8, 12 și 13. Pentru tensiune cronică, energizați *chakra* a șasea.

Tensiune: În caz de hipertensiune, aplicați pozițiile 5, 6 și 17. În caz de hipotensiune, aplicați pozițiile 11, 12, 14 și 17.

Tenosinovită: Se tratează local. Dacă se repetă frecvent, aplicați pozițiile 1 și 5 și energizați *chakra* a șasea.

Tulburări gastrice: Aplicați pozițiile 6 și 8. Dacă tulburările sunt cronice, completați cu tratamentul specific al celei de-a șasea *chakra* și insistați asupra poziției 12.

Tulburări cardiace (la modul general): Pentru orice fel de tulburări cardiace, tratați *chakra*-ele 2 și 4. Pacientul trebuie să consulte însă un medic sau un specialist în terapiile naturiste.

Tulburări glandulare: Aplicați pozițiile 1, 4, 10, 12, 14 și 16.

Tulburări și afecțiuni la nivelul gurii: oferiți tratament local și aplicați poziția 1. În plus, încărcați cu energie Reiki degetele mari de la picioare și de la mâini.

Tulburări și afecțiuni ale urechii: Aplicați pozițiile 1, 5 și 17. Canalizați energia Reiki asupra părții interioare a tălpilor picioarelor, îndeosebi asupra zonei dintre degetul mare și curbura tălpii.

Tulburări cardiace pe bază nervoasă: Tratați ambele părți ale corpului, la o lățime de palmă sub subsuoară. Aplicați pozițiile 2, 3, 9, 11 și 13.

Tulburări ale splinei: Aplicați poziția 8 și energizați *chakra* a doua.

Tulburări ale laringelui: Aplicați poziția 5 și tratați degetele mari de la picioare, pe toată lungimea. Dacă afecțiunea este cronică, energizați *chakra* a cincea.

Tulburări menstruale: Aplicați pozițiile 6, 8, 10, 12, 14, 16 și 17. Energizați cea de-a doua *chakra.* Tratamentul local poate fi însoțit uneori de crampe sau dureri puternice, provocate de regulă de teama de atingere fizică. În acest caz, este mai bine să aplicați numai pozițiile 16 și 17.

Transpirație: Aplicați pozițiile 10, 13, 15, 16 și 17. În plus, canalizați energia Reiki chiar asupra palmelor, la două lățimi de deget de la baza degetelor mari.

Tuse (vezi și Inflamații): Canalizați energia Reiki asupra părții superioare a spatelui și aplicați pozițiile 1, 5 și 9.

Udarea patului în timpul somnului: Aplicați pozițiile 5, 8 10, 11 și 13. Părinții și cei care se ocupă de copii trebuie tratați de asemenea cu energie Reiki.

Urticarie: Aplicați tratamentul integral al corpului și insistați asupra pozițiilor 5, 6, 10, 12 și 13. Energizați *chakra* a șasea (cel de-al treilea ochi).

Ulcer canceros: Canalizați energia Reiki asupra tălpilor și aplicați tratamentul local la intervale regulate, dar nu mai mult de câteva minute.

Ulcer duodenal: Tratați această boală local, aplicând pozițiile 1, 6, 8 și 10 (vezi și Inflamații).

Ulcerații și bășici: Aplicați local energia Reiki (în cazul rănilor deschise, nu atingeți pielea). Dacă ulcerul este la stomac, tratați inclusiv partea exterioară a brațelor.

Ulcerații la sâni: Aplicați cât mai frecvent tratamentul integral al corpului, insistând asupra pozițiilor 10, 14 și 17. La fel de importantă este și energizarea *chakra*-elor 2 și 4.

Vezica urinară: Aplicați pozițiile 4, 10, 11, 14 și 16. În cazul fazei cronice a bolii se recomandă tratamentul local al celei de-a doua *chakra.*

Linii directoare pentru folosirea Tabelelor de Măsurare Energetică cu Ajutorul Pendulului

Tabelele de măsurare energetică cu ajutorul pendulului au scopul de a vă ajuta să descoperiţi cele mai eficiente metode de tratament pentru o situaţie dată, precum şi cauzele eventuale ale bolii. Aşa cum spuneam într-un capitol anterior, aceste instrumente sunt utile mai ales la început, fiind înlocuite treptat de propria intuiţie şi de experienţa acumulată. Până atunci însă, tabelele şi oracolele se pot dovedi de un real folos în lucrul cu energia Reiki. Fiind imposibil să concepi un tabel pentru absolut orice situaţie, mi-am propus să vă prezint câteva tabele care prezintă alternativele tipice. Am lăsat ultimele tabele goale, pentru a fi completate de dumneavoastră aşa cum doriţi. În funcţie de ideile personale, vă puteţi concepe propriul sistem de analiză. Toate tabelele completate de mine conţin o rubrică intitulată „Eroare". Aceasta nu trebuie să lipsească din niciun tabel, căci pendulul se orientează către această zonă în cazul în care răspunsul la întrebarea pusă nu se regăseşte în rubricile tabelului sau dacă nu puteţi primi un răspuns semnificativ la momentul respectiv. Puteţi obţine apoi informaţii suplimentare referitoare la obstacolul care v-a apărut în cale, consultând Tabelul Erorilor. Dacă doriţi să lucraţi cu un pendul într-o problemă care vă preocupă foarte tare, ar trebui să-l întrebaţi de mai multe ori dacă rezultatul obţinut este cel real. Dacă mai aveţi încă îndoieli, consultaţi un specialist în arta folosirii pendulului care nu este implicat emoţional. Pentru a exclude cât mai mult erorile, se recomandă să lucraţi cu un oracol, de genul I Ching-ului, al Tarotului sau al runelor. Dacă nu aţi lucrat niciodată până acum cu un pendul, sau dacă nu aveţi decât o experienţă limitată, vă recomand să vă înscrieţi la un seminar de calitate, să citiţi câteva cărţi pe acest subiect şi să practicaţi o vreme pe probleme simple, înainte de a le aborda pe cele complicate. În caz contrar, este posibil să obţineţi informaţii greşite, care să vă dea peste cap toate eforturile.

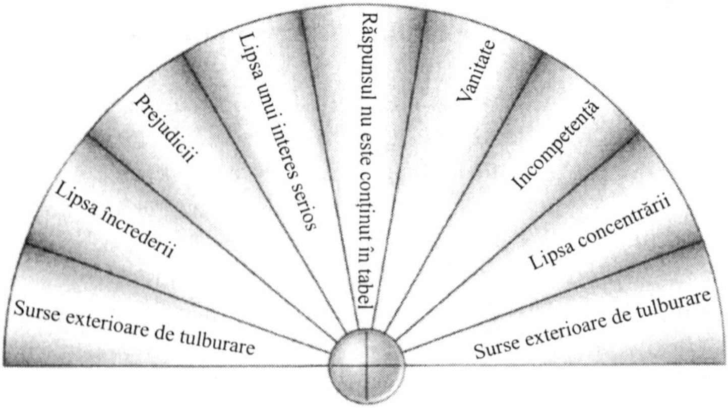

Tabelul Erorilor

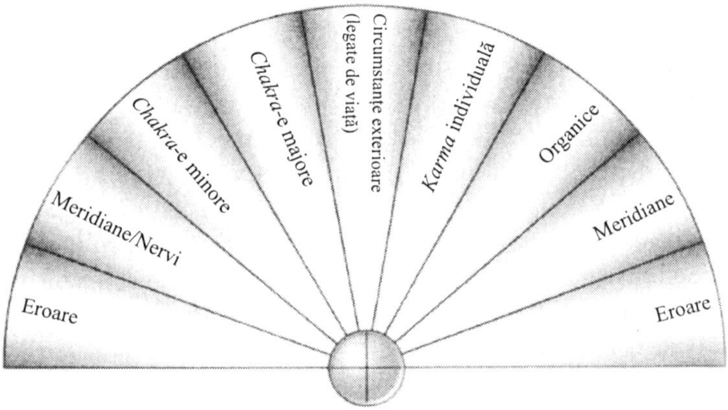

Cauze

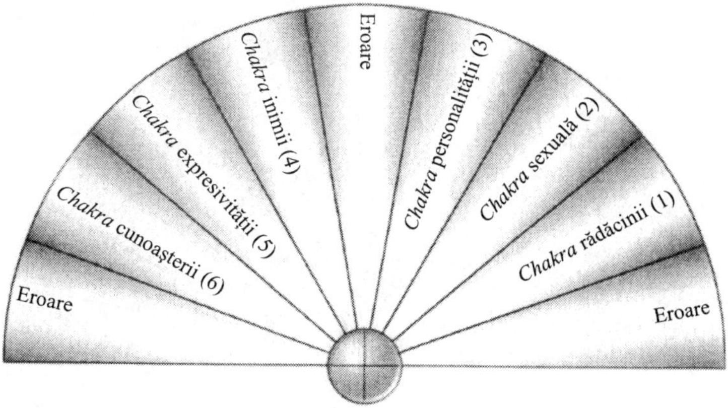

Cele şase *chakra*-e majore

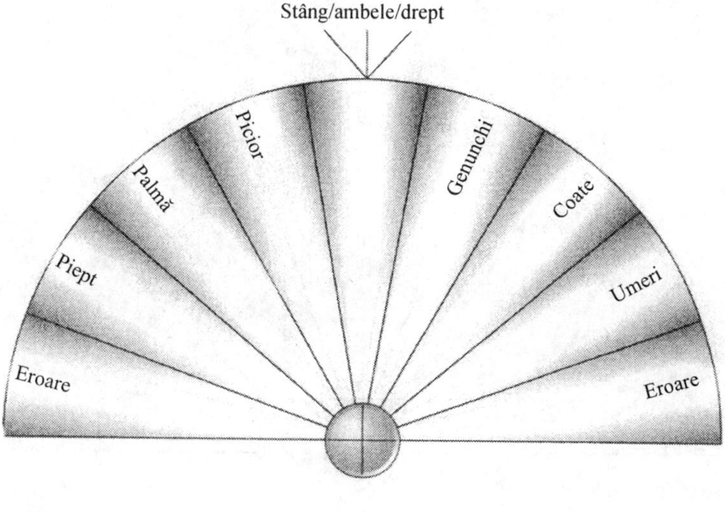

***Chakra*-ele minore**

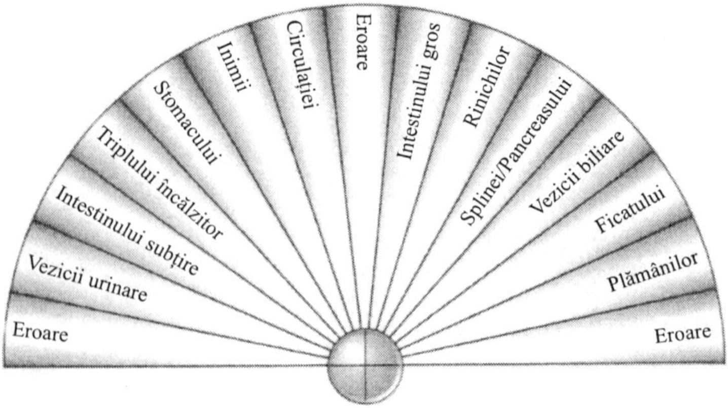

Cele 12 meridiane

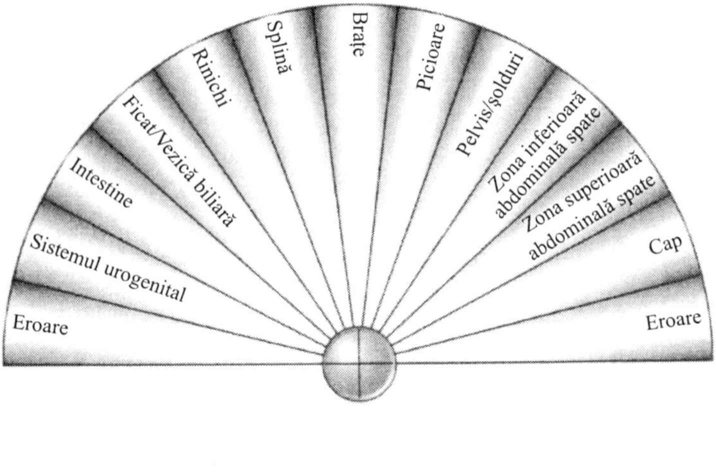

Organele şi zonele corporale

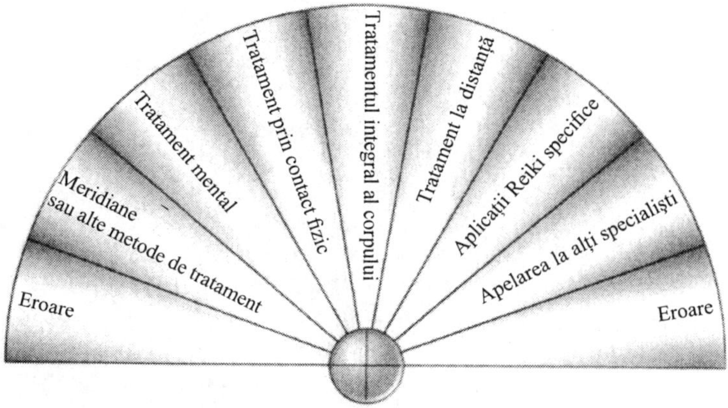

Tratament

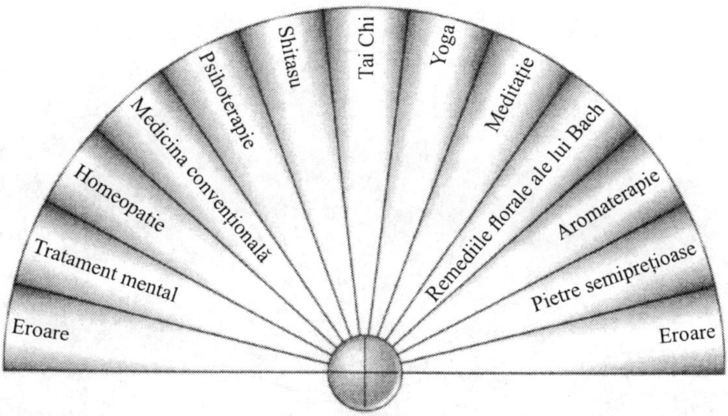

Informații suplimentare legate de tratament

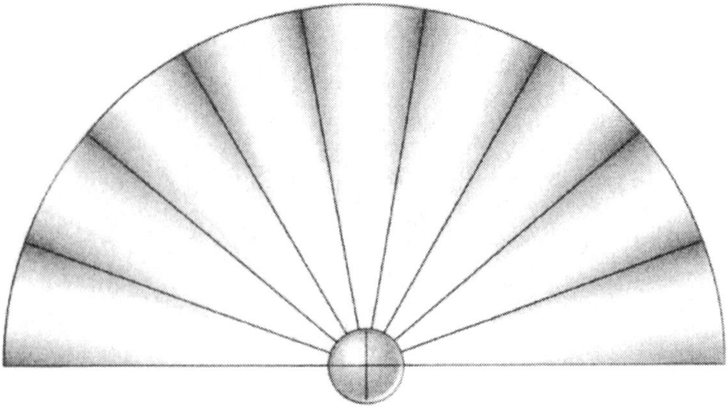

Tabele pe care le puteți completa așa cum doriți

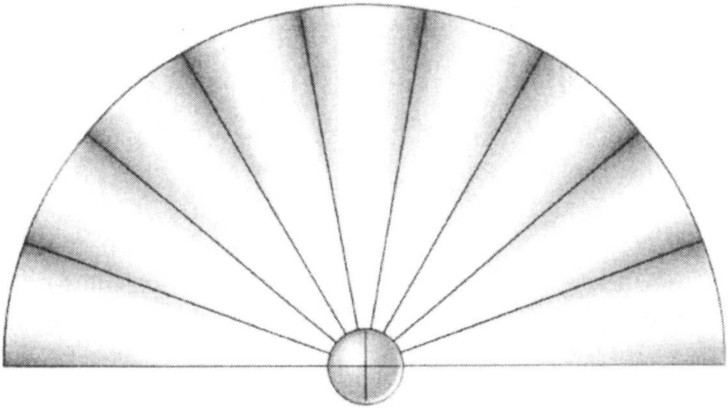

Curăţarea pietrelor preţioase sau semipreţioase la nivel energetic

Uitaţi tot ce aţi auzit până acum pe această temă şi nu curăţaţi niciodată pietrele preţioase sau semipreţioase cu sare! Metoda face mai mult rău decât bine şi poate chiar distruge anumite pietre.

Metode utile de curăţare

- Faceţi rost de nişte nisip uscat şi curat şi lăsaţi-l la soare timp de câteva zile. Soarele îl va purifica la nivel energetic şi îl va încărca cu energie pozitivă. În continuare, îngropaţi pietrele în nisip timp de o zi. În final, clătiţi-le cu apă rece.
- Ţineţi pietrele sub un jet de apă rece, timp de câteva minute. Cu cât apa este mai rece, cu atât mai bine, căci apa rece goleşte pietrele de energie.
- Lăsaţi pietrele la soare timp de câteva zile. În final, clătiţi-le cu apă rece.
- Dacă nu aveţi la dispoziţie o altă modalitate de a vă curăţa pietrele preţioase sau semipreţioase, puteţi face acest lucru cu ajutorul energiei Reiki şi al vizualizării. Luaţi-le în mâini şi imaginaţi-vă că le ţineţi în apa unui pârâu de munte. Vizualizaţi eliminarea unor nori negri de energie dizarmonioasă din pietrele preţioase sau semipreţioase. Continuaţi astfel până când apa nu se mai colorează în negru. Puteţi considera acum pietrele curate.
- Înainte de a aplica oricare din metodele descrise mai sus, asiguraţi-vă că aura dumneavoastră nu este încărcată cu energii dezechilibrate, cel puţin la nivelul palmelor şi braţelor.
- Regula de bază este următoarea: dacă purtaţi bijuterii, curăţaţi-le zilnic, mai ales dacă intraţi în contact cu foarte mulţi oameni sau dacă vă confruntaţi cu situaţii extrem de stresante.

Din aceeași colecție, vă recomandăm:

- *AURUL DIN CEA DE-A O MIA DIMINEAȚĂ de A. BARBAULT*
- *TANTRA – CALEA EXTAZULUI de Georg FEUERSTEIN*
- *SECRETELE AIKIDO-ului de John STEVENS*
- *SECRETELE BUDO-ului de John STEVENS*
- *ÎȚELEPCIUNEA TAROTULUI de Mária SZEPES*
- *CELE DOUĂSPREZECE ARHETIPURI de Brigitte HAMANN*
- *CARTEA CAPITOLELOR MISTICE de John ANTHONY McGUCKIN*

În curând, vor mai apărea:

- *MANUALUL NPL-ului SPIRITUAL de Walter LÜBECK*
- *ÎNȚELEPCIUNEA ENEAGRAMEI de Don RISO și Russ HUDSON*